Lars-Arne Sjöberg

NU BLIR VI DIGITALISERADE

Vi blir O:or och 1:or

Tidigare utgivna böcker av samma författare:

1. Sverigedemokraterna – inifrån och utifrån.
2. ...och den ljusnande framtid är vår?!? - Vad vet vi och vad tror vi om framtiden.
3. Lever vi av räntan eller tär vi på kapitalet? Att hushålla med jordens resurser.
4. Nya Sverige och de nya svenskarna - Mångfaldens möjligheter och utmaningar.
5. Vårt dagliga bröd giv oss idag - Kommer maten att räcka till?
6. Fossil energi måste ut - Vad kommer i stället?

Bild framsidan:
https://www.bing.com/images/search?view=detailV2&insightstoken=bcid_RMUPhmcyPe8A7Q*ccid_xQ%2BGZzI9&form=SBIWFC&idpp=sbiwfc&iss=SBIUPLOADGET&selectedindex=0&id=1224317938&ccid=xQ%2BGZzI9&exph=688&expw=1000&vt=2&sim=1

Förlag: BoD – Books on Demand
Tryck: BoD – Book on Demand, Norderstedt, Tyskland
ISBN: 9789178512713

Inledning

Vi upplever en utveckling med snabba förändringar. Mycket av detta kan sammanfattas i ordet digitalisering. Denna utveckling medför många och stora förändringar i vår vardag. Hur kommer digitaliseringen att påverka oss? Möjligheterna är många men utmaningar finns[1].

Vad präglar en digital tid? Vi får möjligheter att lösa många av samhällets utmaningar på ett mer effektivt sätt. Men det finns risker. Med digitala tillämpningar i en modern datateknik kan vi förenkla och snabba upp många processer, men vi riskerar en ökad sårbarhet. När vår tillvaro beskrivs som 1:or och 0:or ökar risken för olaga intrång och vår teknik kan slås ut vid haverier eller strömavbrott i det digitala nätet.

Internet

Några data kring Internet[2]:

- År 2019 har 98 procent av de svenska hushållen tillgång till internet.
- Tillgången till fiber i hushållen ökar.
- Hushållen på landsbygden får ökad tillgång till fiber.

Internetanvändandet

- År 2019 använder 95 procent av Sveriges befolkning internet.

- De äldre börjar komma ikapp i internetanvändandet.
- Drygt 1 miljon personer använder inte internet dagligen.
- Icke-användare ser inte nyttan med internet.

Enheter och uppkopplade områden

- Datoranvändandet tenderar minska till förmån för mobilen.
- Surfplattan används mest av de mellan 66–75 år.
- Fler använder Iphone än Android.
- Antalet uppkopplade områden ökar i hushållen.
- 1 av 20 har en uppkopplad högtalare.
- Elektroniskt lås finns i 7 procent av de svenska hushållen.

Digitalt mogna

Vi har en hög tillgänglighet till internet i Sverige och många använder internet dagligen. Den mest använda tillämpning är våra mobiltelefoner. Totalt över 6,5 miljoner svenskar, i åldern 16 till 85, använder mobilen för att ansluta till internet. Enligt SCB:s statistik från 2018 är det ca en halv miljon som fortfarande inte använder internet.

Inte minst våra barn och ungdomar har tagit till sig av denna nya teknik och de får ofta lära oss äldre.

Nuläge

Sverige är ett högpresterande och digitalt moget land enligt EU-kommissionens bedömningar.

Sveriges satsningar inom innovation och infrastruktur ger en stabil grund och i de flesta internationella index placeras Sverige på en topposition. Dock krymper försprånget till andra länder.

En digitaliserad värld

Vår värld digitaliseras och vi låter ofta detta ske ganska aningslöst. Vi lämnar digitala spår efter oss och vi kan bli kapade.

Men värre är att våra digitala spår lagras och kan hota vår integritet. Vi blir blottade för illasinnade krafter. Denna nya teknik medför många fantastiska möjligheter, som underlättar vår vardag.

Tillgång till bra internetuppkoppling är en självklarhet och kommunikation är en förutsättning för bibehållen och utvecklad välfärd för medborgare både på landet och i staden. I framtidens samhälle är vi lika beroende av effektiv digital kommunikation som av el och rinnande vatten[3].

Mer än vart annat hushållen har nu tillgång till fiber. Störst är ökningen på landsbygden där hela 98 procent har tillgång till internet i sina hushåll och 95 procent använder också internet. De äldre börjar komma ikapp övriga befolkningen[4].

Några nyckeltal för svenskarna och internet år 2019[5]

	Andel av befolkningen	Andel av Internet-användarna
Använder internet	95 %	100 %
Använder internet dagligen	91 %	96 %
Använder internet i dator	91 %	96 %
Använder internet i mobilen	90 %	95 %
Använder internet i surfplattan	61 %	64 %

Internetanslutning hemma

	Andel av befolkningen	Andel av Internet-användarna
Fiber	57 %	59 %
Kabel-TV	10 %	10 %
ADSL	10 %	10 %
Mobilt bredband (router, ej via mobiltelefon)	16 %	17 %

Digitaliseringen kommer att förändra världen. De senaste årens utveckling har gått snabbt på det tekniska området, vilket kommer påverka väldigt många människor.

Förhoppningsvis är det de monotona, fysiskt påfrestande och tråkiga jobben som ersätts med en robot och vi får mer tid till att ägna oss åt att göra insatser inom tjänstesektorn där det mänskliga mötet är viktigt[6].

Innehav

	Andel av befolkningen	Andel av Internetanvändarna
Dator (i hushållet)	93 %	96 %
Surfplatta (i hushållet)	70 %	72 %
Mobiltelefon (egen)	99 %	99 %
Smartmobiltelefon (egen)	92 %	95 %
Uppkopplade saker/IoT (i hushållet)	54 %	55 %
Dagtidningsprenumeration	49 %	48 %
Mobilt BankID	84 %	89 %

Åldersfördelning hos de drygt 1 miljon svenskar (12+ år) som **inte** använder internet dagligen eller inte alls, år 2019[7].

	Antal	Andel
12-25 år	26 000	2,5%
26-45 år	51 000	4,9%
46-65 år	225 000	21,5%
66+ år	746 000	71,2%
	1 048 000	

Datorer blir dubbelt så smarta var 24:e månad[8]. Hotet är ett AI (Artificiell Inteligens), som är tillräckligt smart som en mänsklig intelligens. När detta väl inträffar vet ingen hur konsekvenserna ser ut.

Robotar kan sortera skräp på McDonalds, köra taxibilar

och peta på bomber i Irak. Ingen robot är så finkänslig att den kan komma ner i någons ficka, känna igen ett specifikt mynt och ta upp det myntet ur fickan. Det är för komplext. Däremot är robotar väldigt bra på att utföra tråkiga repetitiva uppgifter, vilket gör dem perfekta att ersätta fabriksarbetaren. Men än så länge är vi långt ifrån att bygga ett mänskligt AI.

Analoga och digitala data kan jämföras med skillnaden mellan ett VHS-band och DVD - båda är metoder för att titta på en film , men VHS är en analog metod för uppspelning och DVD är en digital[9].

Digital data är en numerisk representation. Alla uppgifter om din dator är digital. Digital data lagrar information i binär form med hjälp ettor och nollor.

Digitala samhällstjänster[10]

Samhällets digitala tjänster – övergripande:

- Fler än 7 av 10 använder digitala samhällstjänster.
- Fler i stad än på landsbygd använder samhällets digitala tjänster.
- Äldre hamnar på efterkälken i det digitala samhället.
- Majoritet anser att digitala samhällstjänster underlättar.

- 3 av 4 använder Skatteverkets digitala tjänster.
- Hälften av svenskarna har en digital brevlåda.
- Mindre än hälften nyttjar digitala tjänster för pension.
- 3 av 10 använder Försäkringskassans e-tjänster.

Regionernas digitala tjänster

- 7 av 10 använder kollektivtrafikens digitala tjänster.
- 5 av 10 nyttjar sjukvårdens e-tjänster – 1 av 10 nyttjar vårdapp.
- Fler än 8 av 10 söker efter medicinsk information på nätet.
- Kvinnor finner tid på hälsoappar mer meningsfull än män.

Kommunala digitala tjänster

- 3 av 4 med hemmaboende barn använder en digital skolplattform.
- 8 av 10 med barn i förskoleåldern ansöker om förskoleplats digitalt.
- 7 procent ansöker om bygglov digitalt.

Samhällsinformation – offentlig och politisk

- Fler än 8 av 10 tar del av offentlig information på internet.
- Fler än 7 av 10 tar del av politisk information på

internet.

Identifiering

Inom området identifiering har vi kommit långt och vi använder oss av denna teknik redan idag. Vi är vana vid att vi måste kunna legitimera oss på Posten för kvittera ut något värdefullt.

Gemensamt för alla identifieringsmetoder är att databasen måste ha tillgång till ett jämförelseobjekt för det som ska identifieras. Exv. måste man först ha ett fingeravtryck lagrat, varefter man kan jämföra med okända avtryck.

Foto och personnummer är *"dörröppnaren"*. Men vi kan alltid riskera att *"hackers"* kan göra en identitetskapning och göra intrång i vårt privatliv. Finns den säkra identifieringsmetoden?

Med chip under huden slipper du tänka på nycklar, betalkort och passerkort. Allt finns i din hand.

- *Det är väldigt fiffigt. Det har ersatt två-tre olika nycklar, jag har kunnat plocka bort medlemskortet på gymmet och passerkortet till kontoret från min plånbok,* berättar Hannes Sjöblad. Hannes Sjöblad är biohackare
- *Vi har så mycket grejer att hålla koll på idag. Ett chip är inte i vägen eller fult och du har alltid med dig*

det. Det innebär väldigt intressanta möjligheter. Du skulle kunna förbättra hälsan med digital hjälp. Chippet skulle registrera uppgifter om din puls, blodsocker och kolesterol och på så sätt hjälpa en läkare att dra bättre slutsatser om patientens hälsa och ge mer information än ett enstaka blodprov.

I förlängningen kan man tänka sig att hela din sjukjournal finns tillgänglig på ett chip[11]. Du kanske kommer in till akuten efter en olycka och kan till och med vara medvetslös.

Men det finns så klart nackdelar.

- *Teknik är teknik. Det finns schyssta människor och elaka människor, som kan utnyttja tekniken. Men tekniken har också potential att göra mycket positivt. Den konkreta frågan som många ställer sig är om chippet innebär att man kan bli spårad, men det går inte. De chip vi har nu är inte spårbara. De har ingen sändare. Du måste befinna dig inom några centimeter från läsaren. Det kändes ungefär som ett nålstick, har du hål i öronen vet du hur det känns. Smärtan gick över förvånansvärt fort,* berättar Hannes Sjöblad, som var lite svullen några dagar efter insättandet.
- *Det är som mobilen på 80-talet. Då var det inte så vanligt, i dag har varenda 14-åring en.*

Moderna mobiltelefoner kan spåras. Att spåra en mobil är väldigt viktigt för många människor. Detta kan vara viktigt när någon försvunnit eller gått vilse. Dessutom kan räddningspersonalen på 112 få hjälp att finna personen som ringer nödsamtalet. Mobilen kan lämna koordinaterna till platsen där du är[12].

Ett chip under huden

Drömmen är att kunna använda ett chip under huden mellan tummen och pekfingret. Det kan fungera som bankkort och till lås. Sådana här chip finns redan i bankkort så det känns inte superlångt bort. Men bankerna vill använda sina egna chip tills vidare[13].

Omgivningens reaktioner har ofta varit skeptiska. Kommer Apple och Google att veta allt om mig? Men det är inte möjligt eftersom chippet är avstängt till någon scannar det. En grej under huden är något som många reagerar på.

Framtida möjligheter

Nästa steg i utvecklingen tror man kan bli chip som är mer aktiva och som skulle kunna hjälpa människor att hålla sig friska. Man skulle kunna tänka sig att de har koll på vilka näringsämnen som är i omlopp i kroppen och säger till vad man bör äta.

SJ börjar med chip under huden[14]

SJ erbjuder chipimplantat där man kan ladda sin biljett. Reser man med SJ så behöver man ingen pappersbiljett utan det är bara att räcka fram sin hand med chipet.

- *Det funkar hur bra som helst. Vi är ett av Sveriges mest digitala bolag och hade all teknik som behövdes, så det var bara att köra. Jag har själv ett chip i handen*, säger Stephan Ray, presskommunikatör.

SJ:s tågvärdar läser idag biljetter med sina mobiltelefoner.

Idag finns det omkring 1 500-2 000 personer i Sverige som har ett chip "*inskjutet under huden*" i handen. Men det kommer aldrig bli så att folk som reser med SJ ska tvingas chippa sig.

Framtidens passerkort är ett mikrochip i handen[15]

Nu är en plånbok fylld av plastkort. Nycklar och taggar blir överflödiga. Det enda du behöver är ett installerat mikrochip.

Man räknar med att inom tio år kommer en betydande del av människorna i de välutvecklade länderna att ha ett chip.

Med ett enkelt ingrepp placeras ett chip, inte mycket större än ett riskorn, under huden mellan tummen och pekfingret. Information kan överföras mellan olika ytor, ungefär som ett passerkort.

I dag är många av oss kontantlösa och vi betalar den minsta kaffekopp med ett plastkort. I framtiden kommer alla de funktioner som finns i alla våra kort samsas i ett chip.

Lite kuriosa är att våra katter och hundar chippas sedan många år.

Biometri och biometriska data

Biometri och biometriska data används då olika matematiska och statistiska metoder utnyttjas för att känna igen en person baserat på fysiologisk eller beteendemässig egenskaper.

Exempelvis

- Fingeravtryck,
- Ansiktet,
- Handskrift,
- Ögats iris,
- Röst,
- Gångstil
- DNA

Biometrisk teknik är ett brett sortiment av mycket säker identifiering. Det finns system för pass, visum, passersystem[16].

När man köper en mobiltelefon idag kan man välja mellan ansiktsigenkänning, fingeravtryck eller en sifferkod för att *"lås upp"* telefonen.

Din mobil kan avslöja mer än du tror

Det är vanligt att man har privata meddelanden eller bilder i mobiltelefonen, som du inte vill att vem som helst ska se. Kanske lever du i tron att det som finns där är skyddat för att du har kodlås. Tyvärr är inte allt skyddat som finns i din Iphone[17].

En del menar att teknikutvecklingen mycket snart i allt högre utsträckning kommer att påverka hur vi producerar mat, hur vi botar sjukdomar, hur vi fortplantar oss[18].

- *Det är så klart inte världsförändrande på något sätt, men det tar bort mycket friktion i vardagen,* säger Hannes Sjöblad, en uppskattad föredragshållare om teknikens påverkan på samhället och människan.
- *Jag slipper leta fram kort och nycklar och tappa vantar och plånbok på köpet. Det är en vinst i vardagen och det är kul.*

Att öppna dörrar och larma av kontoret med ett chip är bara ett första steg.

- *Nästa generations chip kan mycket väl komma att ersätta wearables* (kroppsnära eller bärbar teknik). *Implantat kan fånga upp data från kroppen på samma sätt, men gör man det under huden så kan man få mycket bättre data än om man mäter utanpå huden. Dessutom slipper man omaket med att ta av och på och ladda ett armband.*
- *Jag är säker på att vi får se det på marknaden om något år – den största utmaningen är energiförsörjningen,* säger Hannes Sjöblad. *Ett aktivt chip kräver ström för att fungera och kräver det ström måste det laddas. Att sitta med en magnet mot huden för att ladda genom induktion är det som är mest tillgängligt idag, men det är ingen smidig lösning.*

Den personliga integriteten kan vara ifrågasatt genom chippet. Det finns andra saker i den uppkopplade världen som är ett större hot mot den personliga integriteten.

- *Mitt första mål är att bli av med min nyckelknippa, få in dess funktioner i min hand. Mitt andra är att bli av med plånboken. Det kommer ta lite längre tid, men det kommer,* försäkrar Hannes Sjöblad.

Fingeravtryck

Att tolka fingeravtryck har länge varit en etablerad teknik inom polisens brottsutredningar och läsare finns redan idag i handeln. Nu ska alla ha fingeravtryck i passet[19].

Syftet är dels att göra det svårare att förfalska passen, dels att försvåra handel med barn. I vissa EU-länder har barn kunnat finnas med i sina föräldrars pass - nu måste alla barn ha ett eget pass[20].

Barn under tolv år behöver dock inte lämna fingeravtryck, eftersom fingeravtrycken förändras när man växer. Skillnaden syns inte på passet - det är bara chipet som kommer att innehålla mer information. Men passmyndigheten får mer att göra.

Framtidens e-handel kräver säker identifiering, vilket fingeravtrycket kan ge. Fingeravtrycksläsaren till mobilen är färdigutvecklad.

- *Vår teknik har en hög säkerhet, antalet fel är ungefär ett på ett hundra tusen. Avläsningen av fingeravtrycket ger en datamängd på 500 byte, motsvarande fyra, fem meningar text, vilket med lätthet ryms på ett chips.*

Ett företag har presenterat ett dörrlås som öppnas med kort eller fingeravtryck. Fingeravtrycket lagras på ett smartkort som är ett chips på ett plastkort. Informationen lagras inte någon annanstans t.ex. i en central server eller inte i någon dator - bara på kortet som man har i fickan.

Dörren får en signal att kortets bärare har det fingeravtryck som tidigare lagts in i digital form på kortet - och därmed är man godkänd för inpassering.

- *Det stora hindret för biometriska lösningar är inte tekniken som sådan, utan människors misstro mot att för mycket personlig information sprids till oönskade mottagare.*

Är alla fingeravtryck olika?[21]

Enäggstvillingar har olika fingeravtryck. Det fina mönstret bildas helt slumpmässigt under fosterutvecklingen.

Under ett vätsketryck bildas en slags *"kudde"* av ett vätsketryck. När trycket minskar igen veckar sig huden och därmed uppstår virvlar, bågar och slingor i ett mönster som är olika från finger till finger och från person till person. Polisen och alla domstolarna i världen accepterar fingeravtryck som fällande bevismaterial.

Ansiktsigenkänning missar transpersoner

En ny studie visar på bristerna med ansiktsigenkänning. Svårast är frågan om hur människor utanför könsnormerna påverkas av tekniken. Programmen brister när det gäller bland annat transpersoner[22].

Forskare vid University of Colorado Boulder, samlade in 2 450 bilder. Det rörde sig om kvinnor, män, transkvinnor, transmän olika typer av ickebinära.

Bilderna kördes därefter igenom fyra olika företags ansiktsigenkänningsprogram.

- *Vi fann att ansiktsanalystjänster presterade genomgående sämre på transpersoner och att de överlag inte lyckades klassificera ickebinära,* säger Morgan Klaus Scheuerman, som lett studien, i ett pressmeddelande.

Bland cis-personer var programmen pricksäkra, med 98,3 procent respektive 97,6 procent rätt.

Transmän identifierades däremot som kvinnor i 38 procent av fallen, och alla ickebinära tilldelades ett kön.

- *De här systemen kan inget annat språk än man eller kvinna, så för många könsidentiteter så är det inte möjligt för dem att visa rätt,* säger Jed Brubaker, en av forskarna, i pressmeddelandet.

Ansiktsigenkänning upptäcker saknade barn och fångar brottslingar[23]

Smarta kameror hittade 25 brottslingar under en ölfestival i Kina – en av dem hade varit efterlyst i tio år. Samma teknik har använts för att hitta försvunna barn i stora folkmassor.

Företagen Motorola och Neurala har utvecklat smarta kameror som blixtsnabbt kan skanna av och hitta vissa personer i en stor folkmassa.

Apple ska också använda ansiktsigenkänning och det är en teknik som Apple även kommer använda för att låsa upp sina telefoner med.

Skannar av polisens databas
En ny mjukvara fungerar även i små datorer. Det gör det möjligt att ha artificiell intelligens i exempelvis en liten kamera som en polis kan bära på sin uniform.

Nu räcker ansiktet för att få resa i kinesisk tunnelbana[24]

I Kina fortsätter satsningarna med denna teknik även om den anses kontroversiell. Man tänker låta vissa resenärer resa gratis med tunnelbanan vid ansiktsregistrering.

Men denna teknik kan användas för social kontroll. Man kan till exempel använda övervakningskameror och ansiktsigenkänning för att identifiera personer som vid upprepade tillfällen går mot röd gubbe, för att sedan hänga ut dem på storbildsskärmar!

Protesterna i Hongkong handlar också om en protest mot Kinas övervakningssamhälle. Kina tar kontroll över människor både i Kina, men också i väst.

Protesterna i Hongkong visar på skillnaderna mellan öst och väst - mellan demokrati och diktatur - mellan mänskliga rättigheter och förtryck. Men visar också Kinas övervakningssamhälle som man bygger med hjälp av ny teknik.

Kina förbereder sig för att införa ett så kallat socialt kreditsystem för att hålla reda på sina invånare. Samtidigt saboterar Hongkongdemonstranterna gatlyktor som nyligen har utrustats med kameror och sensorer.

Mest uppskattat är denna teknik i Kina när den kan användas till att förenkla betalningar.

En annan applikation är att använda ansiktsigenkänning för att låta resenärer som har fyllt 60 år färdas gratis i tunnelbanan.

Liknande försök pågår i flera andra städer, däribland Shanghai, Nanjing och Nanning.

Vid incheckning på flygplatser kan det uppstå långa köer. Nu utlovar Singapores flygplats Changi att processen ska snabbas på genom ansiktsigenkänning.

Det är tänkt att tekniken ska användas från det att resenärer anländer med sitt bagage och ska checka in tills de ska kliva på flygplanet[25].

Vad vill man uppnå?

- En kostnadsbesparing då det inte behövs någon personal vid till exempel bagagehanteringen. På sikt ska 20 procent färre flygplatsmedarbetare behöva finnas på plats.
- Kapaciteten vid flygplatsen kommer att utökas.

Flygplatsen i Dubai ersätter sin passkontroll med ett akvarium. Man får gå genom en tunnel genom ett akvarium. Resenären ska lockas att titta på fiskarna och därmed riktar ansiktet mot kamerorna. När vi passerat tunnel är vi identifierade och kan gå direkt genom passkontrollen.

En skola i Sverige har infört ansiktsigenkänning för att slippa att manuellt registrera närvaron.

Försöket har pågått under tre veckor och berört 22 elever. Datainspektionen har granskat användningen och funnit hanteringen av känsliga personuppgifter står i strid med dataskyddsförordningen.

Datainspektionen anser *"att ansiktsigenkänningen inneburit kamerabevakning av eleverna i deras vardagliga miljö, varit ett intrång i deras integritet och att närvarokontroll kan göras på andra sätt som är mindre integritetskränkande än ansiktsigenkänning".*

Datorn söker efter egna kännetecken

Tidiga system analyserade ansiktets geometri, till exempel avståndet mellan ögonen och munnens placering. En ny teknik kallad djupinlärning, "*deep learning*", har medfört förbättring av träffsäkerheten[26].

Denna teknik bygger på att datorn lär sig känna igen ansikten genom att träna på ett mycket stort antal kända bilder. Algoritmerna letar efter gemensamma drag och kan till slut känna igen en okänd bild.

Ansiktsigenkänning har använts och testas inom många områden, till exempel[27]:

- I mobiltelefoner.
- Vid inpassering på företag, banker, kasinon, tågstationer och flygplatser.
- I kinesiska Macao har bankomater utrustats med ansiktsigenkänning för att bland annat motverka penningtvätt.

Ansiktsigenkänning är en teknik som Apple även kommer använda för att låsa upp sina telefoner med.

Motorola och Neurala gemensamt har tagit fram en kamera som med hjälp av artificiell intelligens kan skanna av hundratals ansikten i en stor folkmassa och på mindre än en sekund samköra skanningen med polisens databaser över exempelvis saknade barn eller efterlysta brottslingar.

AI är *"självlärande"* vilket innebär att ju fler ansikten den skannar, desto snabbare blir den med tiden att upptäcka ansikten från en databas.

Några tillämpningar:

- Skanna ansiktet på alla som flyger.
- Ansiktsigenkänning övervakar elever i Kina.
- Försvunna barn hittas genom ansiktsigenkänning.
- Kinas teknik plockade ut ett ansikte bland 60.000.
- Ansiktsigenkänning fungerar bra så länge du är vit och man.
- Myndigheter säljer ditt ansikte till privata företag.
- Tyskland testar ansiktskamera för att hitta terrorister.

Röststyrning

Säkerhetsexpert är kritisk till hur systemen som använder röststyrning är konstruerade[28].

Trots löften om supersäkra inloggningsmetoder är fortfarande inga system helt vattentäta.

Smarta högtalare som styrs med rösten är en trend som växer starkt men tekniken skapar nya attackytor för hackarna.

I Storbritannien har banken Barclay börjat använda röstigenkänning för att identifiera kunder. Problematiskt, anser vissa, eftersom röster är enkla att spela in eller förfalska.

Biometriska inloggningslösningar växer snabbt och Samsung hävdar att tekniken är upp till 200 gånger säkrare än fingeravtrycksläsare.

En lösning för att skapa säkrare system är att använda multimodal biometrisk igenkänning, dvs en kombination av flera olika biometritekniker. Exempelvis inskanning av läpprörelser tillsammans med iris- och fingeravtrycksavläsning.

Munavläsning

Att läsa av läppar är ett vanligt sätt för en hörselskadad att följa med i ett samtal. Man har nu lyckats få en dator att läsa av läppar. Träffsäkerheten är ca 90 procent, vilket är högre än den manuella avläsningen.

Handstil

Handstilen används inte så ofta för att identifiera en person. Det är vanligare att man använder handstilen i grafologin, dvs. att med handstilen som hjälp utläsa skribentens personlighet.

Översättningar

Vi har haft möjligheter att överföra det talade ordet till en utskrift. Detta kan vara ett viktigt hjälpmedel för hörselskadade. Man har nu tagit ett steg längre och kan få det talade ordet utskrivet eller uttalat på ett annat språk.

Ögats iris

En sensor för ögats iris är i viss mån enkel att bygga. Det är en form av digital videokamera och inläsning kan ske på upp till en meters avstånd. Det krävs alltså ingen fysisk kontakt mellan personen i fråga och utrustningen. Glasögon och kontaktlinser utgör inget problem.

Gångstil

Kina vill hålla koll på sina medborgare och detta sker oftast med hjälp av teknik. Kina använder ansiktsigenkänning på många offentliga platser och nu har man utvecklat ett system som kan identifiera människors baserat på deras gångstil[29].

En persons gångstil är lika unik som en persons fingeravtryck eller ansikte och går att använda oavsett om en persons ansikte syns eller inte.

Systemet heter Watrix och man uppger att deras system kan identifiera en person på deras gångstil på upp till 50 meters håll.

Forskare i bland annat USA och Japan har utvecklat system för detta under ett årtionde. Det finns dock få kommersiella lösningar för detta och det uppges bero på att det är lite mer omständligt att identifiera någon genom dess gångstil än till exempel ansiktet eller fingeravtrycket.

DNA[30]

DNA eller deoxiribonukleinsyra är det kemiska ämne som bär den genetiska informationen (även kallad arvsmassa eller genom). DNA-molekylen finns i identiska kopior i varje cell i en organism. Dess huvudsakliga funktion är att långtidsförvara information som påverkar organismernas utveckling och funktion. DNA liknas ibland vid programkod eller ett recept, eftersom det innehåller de instruktioner som behövs för att konstruera cellernas komponenter, RNA och proteiner. De delar av DNA-molekylen som ansvarar för tillverkningen av dessa komponenter kallas gener.

Den jättemolekyl som bär på livets recept finns i cellkärnan. Totalt tre meter hopskrynklad DNA-sträng bär på det som förenar nästan alla organismer, och som samtidigt är det som gör varje människa unik.

Det är ordningen på baserna som avgör hur kroppen utvecklas. Det är alltså ordningen på baserna som gör skillnad mellan individer[31].

ID-kapning

- **Lösenord** är ett eller flera ord eller en kombination tecken som är hemliga, för att möjliggöra autentisering. I datorsammanhang är det vanligt att lösenordet bildas av nonsensartade kombinationer av tecken.
- Lösenord som är avsedda att bestå endast av siffror kallas ofta **PIN-kod**.
- Lösenord som är avsedda att hanteras automatiskt kallas för **nycklar**.

Den som känner till lösenordet kan använda det för att autentisera sig själv i något sammanhang, antingen för att visa att han eller hon tillhör en betrodd grupp eller för att bekräfta sin identitet, såsom för inloggningen till ett e-postkonto[32].

Vad gör en trojan?

Genom trojanen kan hackare exempelvis:

- Få fjärråtkomst till en dator.
- Stjäla lösenord och annan viktig data.
- Skapa bakdörrar som ger tillgång till datasystemet.
- Fjärrstyra datorn.

De började dyka upp i sina första versioner redan 2003 och har utvecklats mycket sedan dess och ökat kraftigt under 2013.

Skydd mot trojaner

En trojan är en skadlig programkod. Det är uppkallad efter den legendariska trähästen de gamla grekerna använde för att infiltrera Troja. Användaren luras att köra eller installera programmet, men förutom den önskvärda funktionen stjäl den data och riskerar att skada operativ systemet.

Cyberhot

Cyberhotet mot företag och myndigheter är omfattande. Nu har olovlig underrättelseverksamhet i form av elektroniska attacker och cyberspionage ökat. Det är ett problem att andra stater och enskilda attackerar systemen för att få tag i hemlig information. Ett starkt säkerhetsskydd och brett samarbete mellan myndigheter är avgörande för att kunna stå emot angrepp.

Omkring 10 stater bedriver idag spionage mot underrättelseverksamhet mot Sverige. Dessa aktörer gömmer sig under olika täckbefattningar, bland annat på ambassader, och samlar på olaglig väg in viktig information som rör svensk politik, ekonomi, teknik, vetenskap, försvar, samhällsviktig infrastruktur och flyktingar.

Cyberattacker[33]

Med vår digitalisering följer att vi utsätts för cyberattacker, som kan vara hot som riktas mot en utvald del inom det som innefattas i begreppet IT.

Målet kan vara att få tillgång till ekonomisk, politisk eller annan känslig information eller att skapa störningar i kritisk IT-infrastruktur.

Ibland inbillar vi oss att IT-säkerhetskonsulternas ständiga pressmeddelanden om diverse farlighetsundersökningar är mer frekventa än attackerna själva[34].

Internettrafik hos 14 organisationer, privata företag och offentlig sektor, med i genomsnitt 5 000 anställda analyserades. De var utsatta för *"infektionsförsök* där *skadliga program* hade lyckats *ta sig igenom organisationens yttre försvar och nått till interna datorer".*

Av totalt 15 586 säkerhetsincidenter konstaterades 49 procent vara okända hot. De var direkt framtagna för att kunna skada en viss enskild organisation.

Ute efter viktig information

Tillvägagångssättet för olovlig underrättelseverksamhet varierar och ändras över tid. Cyberspionage en lämplig metod för angriparna eftersom man kan utföra spionage från ett annat land och därifrån komma åt hemlig information som rör en annan stat.

- *Vår bedömning är att cyberhotet mot företag och myndigheter i Sverige är omfattande och ofta målinriktat. Många angrepp upptäcks aldrig – eller så upptäcks de för sent. När det gäller cyberspionage är det svårt att se att någon tagit sig in i systemet och spionerat. Angriparnas mål är att gå in och få ut information utan att synas,* sade Anders Thornberg, säkerhetspolischef, i samband med ett framförande på Nasdaq Börsforum 2019 dit han var inbjudan för att samtala på temat *"Cyberattacker - ett hot mot svenskt näringsliv och finansiell stabilitet"*.

Så ska datorn lära sig att hitta terrorister

Ovanstående redovisade identifieringsmetoder kan användas i jakten på icke önskvärda personer. Alla har nog märkt att antalet övervakningskameror ökar.

En man greps i den brittiska staden Cardiff efter att ha blivit identifierad av en kamera som dessutom var försedd med automatisk ansiktsigenkänning. Det var först gången tekniken ledde till ett gripande i Storbritannien[35].

Men övervakningen möts även av protester. En del är kritiska till dessa former av övervakning, men man väga kraven på integritet och samhället behov av att registrera personer, som på olika sätt kan utgöra ett hot mot befolkningen.

Polisen kan identifiera brottslingar genom att låta datorn jämföra bilder från till exempel övervakningskameror mot en databas med kända brottslingar.

- *Utvecklingen går väldigt fort. Datorsystemen är i dag ungefär lika bra som människor på att känna igen en person,* säger Jörgen Ahlberg, docent i datorseende vid Linköpings universitet.

Man har i ett projekt studerat hur ansiktsigenkänning kan användas inom svensk polis. Man samarbetar med polisen, Nationellt forensiskt centrum, Totalförsvarets forskningsinstitut och företaget Visage Technologies.

Utan denna digitalisering av ansikten från övervakningskameror med foton från *"the real life"* är polisensutredare tvingade titta igenom timtals med videofilme på jakt efter en misstänkt. Där kan i stället ett system med ansiktsigenkänning göra en första genomgång.

Efter att ha testats internt tror han att ansiktsigenkänning kan börja användas i utredningsarbetet inom något halvår.

I Storbritannien och en del andra länder, använda tekniken för övervakning av gator och torg. Förutom legala och etiska frågetecken finns även tekniska.

- *Tekniken är ännu inte mogen. Även om den hela tiden blir bättre så är den inte hundraprocentig och det räcker med en liten felprocent för att det snabbt ska bli massor av falsklarm. Då sjunker förtroendet för systemet och ingen vill använda tekniken,* säger Jörgen Ahlberg.

Denna teknik kan peka ut somliga som brottslingar. Det är också svårt för kameran att fånga ansiktet på alla människor som passerar.

Man kan också gömma sig under en keps. I framtiden ser vi nog att olika identifieringsmetoder kombineras t.ex. ansiktsigenkänning med andra kännetecken som klädsel, frisyr, längd och gångstil.

Forskning pågår även för att tolka olika beteenden. En kamera skulle då kunna upptäcka och larma om personer som uppför sig på ett misstänkt sätt, till exempel en ficktjuv som rör sig i ett visst mönster på en järnvägsstation.

Bedragare kapar allt fler identiteter[36]

200.000 personer – så många utsattes för ID-kapning i Sverige under 2016. Kvinnor och äldre är deras primära målgrupp. Man köper varor eller lånar pengar i ditt namn.

Några exempel:

- I hela sju års tid har Ilustratören och författaren Jimmy Wallin blivit utsatt för att en annan person köpt bland annat glasögon, linser och bredbandstjänster i hans namn.

  Det kostar honom en massa tid och pengar att ringa runt till kreditföretag, inkassobolag och Kronofogden för att slippa betala fakturor på varor som han inte har beställt.

  Det handlar om flera tusentals kronor som Jimmy Wallin har fått fakturor på.

- En annan person är Johan Pettersson när han plötsligt fick hem ägandebevis på en ny bil från

Transportstyrelsen och papper på att en kreditupplysning hade tagits på honom.

Någon hade tagit ett lån i hans namn och köpt en bil som kostade ungefär 300 000 kronor. Än så länge har han inte behövt betala för bilen. Sedan några månader tillbaka har det börjat trilla ner parkeringsböter och räkningar för trängselskatt i brevlådan.

Nu har han spärrat sitt personnummer och bestridit de fakturor som han får.

Denna typ av ärende leder till polisanmälan, men inget händer eftersom polisen ofta saknar något att utgå från.

Detta brott kallas för *"olovlig identitetsanvändning"*. 2018 blev det straffbart att använda andra personers identitetsuppgifter på ett sätt som kan skada de som utsatts. Polisen kan återuppta ärendet om det kommer fram nya bevis.

Polisen rekommenderar också att du avregistrerar kortet för köp på internet.

Om du drabbas så måste du bestrida det som har köpts och de fakturor som kommer.

FAKTA

Så många utsätts för ID-stölder

- Närmare 200 000 personer har drabbats av ID-kapning i Sverige mellan juni 2016 och juni 2017. Det är en ökning med ungefär 20 procent jämfört med året innan.
- Kvinnor och äldre är värst drabbade. 63 procent fler kvinnor har drabbats av ID-kapning jämfört med året innan. I åldrarna 45–59 år har andelen drabbade ökat med 74 procent och i åldrarna 60–74 år har den ökat med 193 procent.
- Stockholm, Västra Götaland och Skåne län ligger i topp. I Västra Götaland har andelen drabbade ökat med 89 procent. Örebro län hamnar på en fjärde plats och här har andelen drabbade ökat med 380 procent.
- Under det första halvåret 2017 polisanmäldes 12.800 brott om olovlig identitetsanvändning. Det kan jämföras med 10 244 anmälda brott under hela förra året.

Källa: mySafety Group och BRÅ

Så skyddar du dig mot ID-kapning

- Öppna inte e-post eller klicka på länkar som är okända för dig.
- Använd inte ett för enkelt eller samma lösenord till olika tjänster.
- Ha ett uppdaterat virusskydd på din dator och mobil.
- Ladda inte ned nya appar utan att ha kontrollerat

om de funnits en längre tid och fått positiva recensioner och betyg.

- Skicka inte person- eller kontouppgifter via e-post utan att först ha kontrollerat att aktuellt företag, myndighet eller organisation har begärt in uppgifterna.
- Använd tjänster som ger dig information direkt i mobilen eller via e-post om någon tagit en kreditupplysning på dig.
- Se till att inga obehöriga kommer åt din post.
- Lämna inte ut dina personuppgifter i onödan.
- Om du tappat en identitetshandling, anmäl det till Polisen och till kreditupplysningsföretag.

Om du drabbas av ID-kapning:

- Spärra ditt personnummer hos kreditupplysningsföretag.
- Polisanmäl.
- Bestrid de felaktiga fakturorna.
- Ring din bank för att kontrollera dina konton.
- Har du blivit av med ett id-kort eller körkort, spärra det.

Tio sorters hackare – och hur de hotar dig[37]

Dagens hackare är professionella kriminella och det finns grundläggande typer som är bra att känna till. Sammanställningen är hämtad från techworld.idg

1. **Bankrånaren**
   Nu finns det hackare som använder sig av falska fakturor, datingsvindlerier, överbelastningsattacker eller vilken vad som helst för att stjäla pengar från individer, företag eller banker.

2. **Statsunderstödda hackare**
   En del länder har tusentals hackare på sin avlöningslista. Deras jobb riktar sig mot andra länders militärindustri för att kartlägga dem och installera bakdörrar. I själva verket pågår statsunderstödd hackning hela tiden. Hackarna är soldater som gör sitt jobb.

3. **Företagsspionen**
   För många hackare handlar det om att stjäla företagshemligheter, som säljs för sin egen vinning eller för att gynna den stat de är anställda av. Det kan handla om att stjäla patent, affärsplaner, finansiella data, kontrakt eller anteckningar kring juridiska tvister.

4. **Skumma spelaren**
   Inom spelindustrin kommer hackaren åt stora pengar på riktigt vass hårdvara. De stjäl konkurrenternas poäng, skapar överbelastningsattacker.

5. **Datorkraftsvampyren**
   Hackare har länge sugit ut kraften ur datorerna. Förr handlade det om att lagra stora filer, exempelvis videor, på andras datorer. Men i dag gäller det att utvinna kryptovaluta. Den här typen av malware är en av de snabbast växande just nu.

6. **Hacktivisterna**
   Hacktivister kallas de som stjäl information som är besvärande för ett företag eller ställa till med något som kostar företaget pengar eller för att uppmärksamma den fråga som hacktivisten vill lyfta.

7. **Botnetmästarna**
   Många malwareutvecklare skapar virus som infekterar så många datorer som de kan. Ett exempel är botnätet Mirai som orsakade en av de största överbelastningsattackerna någonsin. Mirai slog ut stora delar av internet.

8. **Adwarespammaren**
   Adware, eller oönskade annonser, ser helt enkelt till att peka om din webbläsare till en sajt som du själv inte valt. Även om det inte känns som ett så allvarligt hot kan det vara ett symptom på en allvarlig systemläcka.

9. **Sporthackaren**
   Det är några kvar som fortfarande hackar för att visa vad de klarar, även om de har blivit färre. Det är ofta själva hårdvaran som angrips.

10. **Den ofrivillige hackaren**
   Det finns hackare som kanske halkar in på hackandet genom att råka upptäcka ett kodfel på en sajt och för att försöka förstå det så börjar de hacka sig in.

Hackar sig in i din låsta dator – på tretton sekunder[38]

Säkerhetsexperten Rob Fuller tog sig in i en låsta dator. Fuller beskrev hur han har kunnat ta sig in i en låst pc-dator med hjälp av en mikrodator som kopplas in via en ethernetadapter till usb-porten.

Väl ansluten kan usb-mikrodatorn snappa upp vilket lösenord som används för att logga in på datorn.

- *Metoden går ut på att du stoppar in ett nätverkskort i form av en usb-dongel i datorn. Den sortens plug-n-play-stickor installeras oftast automatiskt för att underlätta för användarna. När det är klart kommer datorn sedan börja skicka data till det nya nätverkskortet. Usb-dongel kan då avlyssna all trafk och snappa upp dina lösenords-*

uppgifter, säger Patrick Mattsson, it-säkerhetsexpert för Windows på Knowit.

Möjligheter och hot

Bärbar hjärnmätare läser av dina tankar

Snart kan tankestyrd teknik användas för att styra våra handlingar. Franska Nextmind har utvecklat teknik som kan läsa av dina tankar och styra din TV utan fjärrkontroll[39].

Mannen bakom tekniken Sid Kouiderin kan demonstrera hur Nextmind kan användas för att läsa av hjärnans signaler och direkt styra användningen av exempelvis ett dataspel eller en film.

- *Med Nextmind kan du skicka textmeddelanden utan att använda dina händer. Det räcker med att tänka att du ska skicka meddelandet. Du kan kontrollera din tv med bara tanken,* säger han självsäkert när Ny Teknik träffar honom dagen före han kliver upp på den stora scenen.

Kouiderin kan tydligt demonstrerar hur produkten fungerar. Funktioner som att stoppa, starta och pausa en film med hjälp av den egenutvecklade enheten, som läser av hjärnans tankar. En liten apparat inte större än en ishockeypuck pressas mot huvudets baksida med hjälp av ett huvudband.

- *Fördelen är att du inte behöver göra några kirurgiska ingrepp för att läsa av din hjärnas tankar i realtid. Vår hårdvara och våra algoritmer klarar av det utan ingrepp eller andra styrmedel. Det räcker för att läsa av dina tankar,* säger Sid Kouiderin.

Stora förhoppningar på att vår teknik blir banbrytande

Han är hemlighetsfull när han ombeds berätta om hur avlyssningen av hjärnans signaler går till och hur algoritmerna är konstruerade.

- *Det behåller vi för oss själva ett tag till. Men det blir uppenbart för alla som väljer att teckna sig för ett utvecklingskit för att utveckla egna tillämpningar baserad på vår teknik,* säger Sid Kouiderin.

Att styra tv-menyer, datorspel och vr-applikationer är endast början tror Nextmind. Med hjälp av partners kan tekniken utvecklas inom många områden där tankestyrd teknik skulle kunna få stor betydelse.

- *Hjärnans signaler är väldigt bullriga men nu kan vi koda av visuell medvetenhet från hjärnan i realtid. Vi skapade vår egen enhet, våra egna exakta sensorer och utvecklade samtidigt maskininlärningsalgoritmer som mäter och tolkar data i realtid. Jag har stora förhoppningar på att vår teknik blir banbrytande,* säger Sid Kouiderin.

Sid Kouiderin är fransk professor i neurovetenskap. Han var länge verksam inom forskningsinstitutet CNRS (French National Centre for Scientific Research) i Paris.

Robotdräkt låter förlamad gå med hjälp av hjärnsignaler[40]

Den 28-årige mannen från franska Lyon ramlade 12 meter från en balkong på en nattklubb för fyra år sedan. Bröt ryggen och blev förlamad från axlarna och neråt. Mannen tillbringade två år på sjukhus innan han erbjöds vara testperson för robotdräkten på Université Grenoble Alpes.

Han fick genomgå flera månaders träning i att kontrollera sina signaler i hjärnan för att genom datasignaler kunna utföra enkla rörelser innan han kunde testa robotdräkten för att gå.

- *Jag kan inte gå hem i morgon i mitt exoskelett men jag har kommit så långt att jag kan gå. Jag går när jag vill och jag stannar när jag vill,* säger mannen till AFP.

Med två signalmottagare på hans huvud mellan hjärnan och huden kunde han sedan kontrollera kroppens rörelser. Signalerna översätts till de rörelser som patienten tänker på.

Skanna kroppen för bättre passform av plaggen[41]

En avhandling av Niina Hernández vid Textilhögskolan, Högskolan i Borås, visar att modern teknik kan användas vid måttagning för att hitta rätt storlek.

- *I min avhandling har jag visat på komplexiteten av att utvärdera passformen på plagg. Jag har kommit fram till att det är möjligt att med olika verktyg att hjälpa tillverkarna att kunna erbjuda plagg som matchar målgruppen*, berättar hon.

Varje kroppsform är unik och en scanning av kroppen ger underlag för en robot att sy det perfekta plagget.

Övervakning

Kina har utvecklat tekniken för att använda den i det kinesiska försvaret, militären och "*för allmänhetens säkerhet*" [42].

Kina har omkring 200 miljoner övervakningskameror installerade. Antalet beräknas öka till 626 miljoner till år 2020.

Kameror för ansiktsigenkänning kan fånga "*tusentals ansikten på en arena i perfekt detalj och generera ansiktsdata till molnet medan det lokaliserar ett specifikt mål på ett ögonblick*".

Med över 600 miljoner övervakningskameror och artificiell intelligens har myndigheterna full koll på medborgarnas uppkopplade liv[43].

Ett brittiskt tv-bolags reporter fick lov att testa systemet. Efter att de skannat reporterns ansikte gav han sig ut på stan. Efter sju minuter hade man hittat reportern. Kinesiska företag anser det bekvämt. Det är att bara gå på ett tåg där resenärens ansikte fungerar som biljett. Mobilappar ger numera tillträde med samma metod till banker, butikern m.m.

I Peking har snabbmatskedjan KFC börjat ge menyförslag baserat på kundens utseende

En ung *"vacker"* kvinna kan rekommenderas ett mål med färre kalorier. 90 procent av de största kinesiska internetbolagen använder ansiktsigenkänningsteknik.

Myndigheterna sitter i stora kontrollrum och spanar på storbildsskärmar. Med hjälp av artificiell intelligens kontrolleras varje individ på bilderna var för sig, inringade av rektanglar i olika färger.

För fem år sedan kändes detta övervakningssamhälle som en rätt extrem tolkning av framtiden. Nu är det redan vardag i Kina.

Rysk ansiktsigenkänning leder till fler gripanden[44]

Vid 95 procent av Moskvas bostadshus och övriga byggnader täcks av övervakningskameror.

Till dessa har man kopplat på en mjukvara för ansiktsigenkänning. Enligt myndigheterna har man tack vare detta redan gripit sex personer som var misstänkta för brott.

Ansiktsigenkänning testas på flygplats[45]

I dag använder grovt kriminella stulna pass från personer som liknar dem själva för att klara sig igenom passkontrollerna.

Ansiktsigenkänning ska testas och valideras på Skavsta flygplats för att stävja brottsligheten.

- *Det finns ett stort antal svenska resedokument som är på drift. Det här är ett sätt att motverka och hitta hålen*, säger Britt-Louise Wahlberg, processledare vid polisens nationella operativa avdelning, till TV4 Nyheterna.

Ett datorprogram kan jämföra ansikten på misstänkta, från exempelvis övervakningskameror, med personer i polisens register.

En mobilapp ska möjliggöra att tekniken med ansiktsigenkänning kan använda tekniken i exempelvis små hamnar. Inom Schengenområdet ska samtliga gränsövergångar använda ansiktsigenkänning från 2022.

Det är kontroversiellt att göra en massövervakning. Hanteringen av känsliga personuppgifter granskas av Datainspektionen innan tekniken kan införas. Datainspektionen vill bland annat veta hur länge polisen ska spara uppgifterna. Grundregeln ska enligt polisen vara att bilderna tas bort direkt, men med vissa undantag.

Olika typer av attacker och säkerhetsintrång[46]

Här följer några av de vanligaste bedrägerierna. Här får du råd och tips om hur du undviker att bli lurad. Sammanställningen är hämtad från Bloggen IT-säkerhet.com.

1. **Samtal från utlandsnummer**

   Om du blir uppringd av ett utländskt nummer, svara inte om du inte förväntar dig ett samtal.

2. **Meddelande från din bank**

   Bedragaren vill att du ska besvara mejlet och ange dina uppgifter alternativt klicka på en länk i mejlet. Banker och andra kreditinstitut begär aldrig in dina uppgifter via mejl.

3. **Falskmejl om återbäring av skatt**

   Du får ett mejl om att du är berättigad till skatteåterbäring och avsändaren påstår sig vara Skatteverket.

4. **Microsoft-supporten**
Du blir uppringd av en person som påstår att din dator är utsatt för virus eller liknande och att du riskerar att förlora all data på hårddisken.

5. **Låst dator**
Du surfar på internet när ett meddelande från Polismyndigheten dyker upp att datorn är låst.

6. **"Nigeriabrev"**
Du får ett mejl om en stor summa pengar som han eller hon behöver hjälp med att föra ut från ett annat land.

Storsatsning på kameraövervakning i Göteborg[47]

I centrala Göteborg är det vanligt med personrån, våldsbrott och narkotikahandel. Man hoppas att man ska göra brottsbekämpningen enklare.

I en satsning av polisen i Göteborg installerat 300 nya kameror för att övervaka centrala Göteborg, rapporterar GP.

- *Kamrorna kommer att göra oss betydligt effekti-*

vare. Det vi är ute efter är att förbättra det förebyggande och utredande arbetet kring de problem och den brottslighet vi har i city, säger Niklas Norin, biträdande polischef vid Citypolisen, till tidningen.

Friare kameraövervakning ger upphov till många frågor[48]

Det är numera fritt fram för privata aktörer att sätta upp övervakningskameror utan godkännande från länsstyrelsen. Det är en del oklarheter kring de nya reglerna och trycket på Datainspektionen har ökat enormt.

- *Många av de frågor som tidigare inkom till de 21 länsstyrelserna kommer nu till oss. Vi får väl in hundra mejl i månaden plus en hel del samtal med frågor som bara handlar om kameraöver vakningen – det är väldigt mycket för oss,* säger Frida Orring, jurist på Datainspektionen.

Den sydkinesiska staden Shenzhen användes kameror till identifiering mot de som slarvade vid övergångsställena, och skickade automatiskt ut böter. Trafiksyndarnas ansikte visades dessutom på en stor skärm i stadsmiljön.

Kina anses i dag vara ledande inom ansiktsigenkänning. Landet använder tekniken på tågstationer och flygplatser.

De kinesiska myndigheterna har lyckats plocka ut en efterlyst persons ansikte i ett folkhav av 60 000 personer.

I augusti 2019 greps 25 misstänkta under en ölfestival i Shandong-provinsen tack vare ansiktsigenkänning – och fler lär det bli.

Nu används också tekniken av privata företag, exempelvis för att övervaka arbetare i fabriker. Kina använder ansiktsigenkänning för att förtrycka politiskt misshagliga personer.

Nätfiske

Nätfiske syftar till att lura människor på deras lösenord, kreditkortsnummer eller känslig information.

Information som finns på nätet gör det lättare för illasinnade personer att angripa genom att skapa falska, personliga och varumärkta meddelanden som skapar förtroende för mottagarna.

Phishing-angrepp görs för att skapa falska webbplatser, e-postmeddelanden och texter som innehåller skadliga länkar eller bilagor. Detta utformas för att se ut att vara legitimt och skickas till flera personer.

Nätfiske med e-post

Hackarna försöker få e-posten att se ut att komma från ett officiellt företag och utger sig för att vara VD, ekonomichef eller annan ledande befattningshavare. E-posten kan exempelvis se ut att komma från en bank. Vid attacken skickar de ut stora mängder skadliga e-postmeddelanden med skadliga länkar eller infekterade bilagor eller övertala offret att göra en dataöverföring eller banköverföring.

Nätfiske ser ut som vanlig e-post, och har blivit mer sofistikerade med tiden.

Branscher som nätfisket riktar in sig på

De vanligaste branscherna för phishing är:

- Detaljhandel
- Finans
- Betalningstjänster
- Auktioner
- Multimedia
- Sociala nätverk
- Myndigheter

Metoder som används och de vanligaste e-posthoten:

- Stöld av autentiseringsuppgifter är den vanligaste attacken. Du kan exempelvis få ett meddelande om att ett klagomål har registrerats mot ditt företag, eller att en kund har lämnat ett negativt omdöme om ditt företag. E-mejlet kan utformas för att lura en anställd att lämna ut behörighetsuppgifter

- Du får epost att du har av misstag betalat 2 gånger till din faktura och att du ska klicka på en länk för att få tillbaka dina pengar. Ett känt exempel i Sverige som ser ut att ha kommit från Telia och Skatteverket.

Vad får människor att klicka?

Det finns många knep som används för lura människor:

- Säsongskampanjer,
- Emotionell status hos den som attackeras,
- Tonalitet i mailen och att mailen skräddarsys.

Hur fungerar datamaskar?

Datamaskar (computer worms) är ett allt vanligare datavirus. En mask fungerar mer eller mindre oberoende av andra filer. Detta är ett självreplikerande skadligt program som kan spridas till andra datorer och andra nätverk.

Maskar sprids via nätverk och förbrukar bandbredd. Det kan bero på maskar. Maskar kan ha många skadliga effekter:

- Orsakar att en server kraschar,

- Gör en användares filer oanvändbara,
- Skapar en bakdörr på måldatorn.

Trojanen

Trojanen sprider sig själv via exempelvis mejl och behöver inte koppla sig till ett annat program men den kan vara skadlig och kan skapa en exakt kopia av sig själv.

Företags och geopolitiskt sabotage

Man skyddar sig genom tekniska lösningar och hur företaget arbetar. Att ha processer och rutiner som säkrar upp ett datanätverk är nödvändigt när IT-miljöerna blir alltmer komplexa med olika cloud-lösningar.

Antivirus

Antivirusprogram är program som är utformade att upptäcka, förhindra och ta bort skadlig programvara och malware. Klassificering av malware omfattar virus, maskar, trojaner, scareware, samt och (beroende på skannern) vissa former av potentiellt oönskade program såsom adware och spyware.

Installera och skydda dig med antivirusprogram som upptäcker spionprogram och virus.

Fler får sina identiteter kapade – med mer avancerade metoder

Att vara digitaliserad öppnar för kapade identiteter. Under 2016 minskade antalet identitetsintrång i Sverige och fortsatte en bra bit in på 2017. Totalt anmäldes över 116 000 identitetsintrång 2017, vilket är en minskning med runt tre procent jämfört med föregående år[49].

I första hand handlar det om brott där någon gör ett köp online med stulna kortuppgifter. Nära 80 000 sådana anmälningar gjordes 2017. Nära 60 procent av dessa brott inleds med ett identitetsintrång.

Detta beteende att sno någons identitet för att handla på nätet blev förbjudet enligt lag den första juli 2016. Brottet gäller olovlig användning av någons identitet. Brottet kan ge böter eller fängelse i högst två år.

Denna typ av brottsligheten har ökat drastiskt de senaste fem åren när det gäller id-kapningar på nätet. Nu är det brotten mer avancerade och organiserade än förut.

NBC (National Broadcasting Company) arbetar mycket med att ha dialoger med banker och andra aktörer kring lösningar för att göra det säkrare när köp görs på nätet.

Robotar

Robotarna tar över[50]

Inom 20 år ska robotar kunna ersätta vartannat jobb i Sverige, enligt forskare. Innebär detta att vi möter en framtid med högre arbetslöshet?

- Att vi i framtiden har förutsättningar att jobba mindre och låta maskiner sköta jobbet tycker jag är alldeles tydligt. Och jag tror vi kan göra det och ändå behålla hygglig levnadsstandard, säger Eva Regårdh, civilingenjör på SSF (Stiftelsen för Strategisk Forskning).

Vad är redan i funktion:

- Självskanningskassor i livsmedelshallarna
- Förarlösa tåg trafikerar i dag många europeiska städers tunnelbanesystem.
- Enklare jobb, som inte kräver längre utbildning, försvinner tyvärr snabbt. Dessa jobb är sådana vi behöver för att få in våra nya svenskar på arbetsmarknaden.
- En diagnos hos en läkare blir billigare när den görs i datorn och denne kan via telemedicin i princip konsultera världens främsta specialister.
- Om 20 år kan både redovisningsekonomer och biomedicinska analytiker ha ersatts av maskiner.

- Rätt inställd gör en robot tre personers jobb men samtidigt måste någon sköta roboten. Många av de oerhört monotona arbetsuppgifterna försvinner.

I vår vardag finns exempel på enklare robotar

- Robotar klipper gräs.
- Robotar som dammsuger
- Robotar mjölkar kor.

Enligt en rapport kan 53 procent av jobben — omkring 2,5 miljoner arbetstillfällen — i Sverige komma att ersättas av digital teknik. Men troligtvis skapar den nya tekniken nya behov av arbetskraft.

Fler måste arbeta inom servicenäringar och inom vård av sjuka och åldringar.

Vi kommer sannolikt att handla mer på nätet och att handla mat kan ha fördelar[51]. Mat på nätet är som vilken annan matbutik som helst. Dessutom kan man få varorna levererade hem till dörren.

En mänsklig robot

I en stadsdel norr om London anställdes en ny medarbetare, Amelia. Hennes uppgift var att hjälpa medborgarna med olika ärenden som

- Att besvara frågor,

- Ta hand om ansökningar.
- Utfärda olika tillstånd.

Amelia är en robot från Ipsoft, en artificiell intelligens med personlighet och social kompetens som kan läsa av en persons känsloläge, och anpassa kommunikationen därefter[52].

Detta är ett av många exempel på hur digitaliseringen är på väg att förändra vår vardag som kanske är ett av de mer extrema i förhållande till sådant som till exempel digital kommunikation via chat eller video, eller digitalisering av ärendehantering.

Gång på två ben, konstgjorda muskler och syntetisk hud ska få robotarna att likna människan. Ju mer människoliknande robotar blir, desto säkrare känner vi oss med dem, men bara till en viss gräns.

Roboter som har stora, barnliknande ögon men som ser ut som maskiner, tycker vi till exempel att de är söta, medan en robot som nästan rör sig och ser ut som en människa kan bli otäck.

Vad gör vi när robotarna tar över våra jobb?
Vill vi att robotar av olika slag ska ta över våra arbetsuppgifter, sköta våra bostäder och vårda våra gamla? En del

vill att alla tråkiga, själsdödande, tidsödande, besvärliga eller farliga arbetsuppgifter sköts av robotar. Då kan vi ägna oss åt det som utvecklar oss som individer och ger meningsfull livskvalitet.

Robotisering, digitalisering och automatisering kommer att slå hårt mot vissa yrkesgrupper som kassapersonal, försäljare, maskinoperatörer, företagsekonomer, marknadsförare, personaltjänstemän och fotomodeller[53].

Inom vård och omsorg kan robotar ta över vissa arbetsuppgifter:

- Provtagning.
- Diagnos.
- Behandling av enklare slag.
- Sällskaps- och servicefunktioner på äldreboenden.

Industrirobotar har sedan länge använts för

- Tillverkning.
- Sammansättning.
- Övervakning i
    - industrier.
    - kraftverk.
    - sågverk.
    - reningsanläggningar

En fyrbent robot springer fortare än Usain Bolt och den

tvåbenta Atlas tar sig fram i ojämn terräng. Båda kan användas för militära uppdrag.

Vill vi att robotar av olika slag ska ta över våra arbetsuppgifter, sköta våra bostäder och vårda våra gamla? Vad händer med vår identitet och självkänsla när robotarna blir mer kompetenta och övertar viktiga arbetsuppgifter?

Nu kommer robotar att gå och se ut som människor[54]

Robotarna blir mer och mer människolika. Ett nytt gummimaterial, Frubber, gör att huden och ansiktsrörelserna liknar en människas. Materialet leder elektrisk ström, vilket gör att gummit ändrar form. Roboten får 62 olika rörelsemöjligheter i ansiktet och i halsen.

Roboten kan samtala och hålla ögonkontakten, och den kan vidareutvecklas till att arbeta med exempelvis kundservice.

Programvaran MindCloud är webbaserad och kan driva flera robotar.

Men dessa människoliknande robotar gör att vi känner oss tryggare – men bara till en viss gräns.

Robot går precis som vi går och bli mer människolik. Dessutom blir roboten betydligt mindre energikrävande. Artificiell muskel pumpas upp med luft.

Musklerna är uppbyggda av tunna fibrer av silikongummi. Fibrerna är ihåliga och när man blåser in luft i dem utvidgas muskeln på bredden och blir kortare så att den exempelvis kan lyfta en vikt.

Trött på att putsa fönster? Här är roboten som gör jobbet åt dig[55]

Först kom robotdammsugaren – nu har syskonroboten som putsar fönster landat.

En ny hushållsrobot sköter fönsterputsen. Ecovacs Winbot 950 har ett styrsystem som sägs klara de flesta fönstersorterna.

För att kunna göra jobbet åt dig kräver den att du sprutar rengöringsmedel på fönstret innan du startar roboten.

- *Vi har fått positiv respons på roboten. Det finns alltid ett naturligt intresse från robotintresserade när vi introducerar något nytt, men även yngre kunder som önskar mer tid i vardagen har varit nyfikna*, säger Jesper Skov från Robotexperten.se.

Roboten arbetar med ett fyrastegsprogram som putsar och torkar. Den kan också vrida 90 grader, för att täcka så stora ytor som möjligt.

Robot ska undervisa i Hagfors[56]

Under 2020 ska en robot finnas med som en del i undervisningen för elever på industriprogrammet inom gymnasieskolan och vuxenutbildningen i Hagfors.

ABB har tagit fram en enarmad liten robot.

Tillväxtverket har bland de som sökte till projektet valt ut fyra att få tillgång till roboten. Förutom Älvstrandens bildningscentrum deltar ABBs Industrigymnasium i Västerås, Rinmangymnasiet i Eskilstuna, Ullvigymnasiet i Köping och Pauliskolan i Malmö (endast virtuell robot) i projektet.

Kommunstyrelsens ordförande Jens Fischer kommenterar:

- *Hagfors är historiskt sett en stark industristad och i kommunen finns industrier som ligger i framkant när det gäller den industriella utvecklingen. För kommunens framtida utveckling är det väldigt positivt att vi får vara med i det här projektet.*

Lärarna är spända på sin nya "*kollega*" och ser fram emot robotens ankomst.

- *Lärarna på industriprogrammet är positiva till*

möjligheten och få använda en robot i sin undervisning. Förhoppningsvis kommer även eleverna att uppskatta sin nya "lärare".

Två lärare från respektive skola ska få utbildning på ABB. Utbildningen kommer att omfatta dels moment på den riktiga roboten, dels moment i den virtuella världen.

Här är dina nya robotvänner[57]

Robotarna tar sig in i filmvärlden, lagar gourmetmat och hjälper till i butiker.

I framtiden kommer vi att arbeta tillsammans med robotar.

- **Pepper erbjuder (nästan) den bästa servicen.** Roboten Pepper är hittills den mest revolutionerande roboten på marknaden. Även om Pepper inte utvecklat sina sociala färdigheter inom olika kulturer.

- Varför anställa en **skådespelare** när du i stället kan anlita en snygg och duktig robot som arbetar helt gratis? Geminoid F ska likna och uppföra sig som en människa. Hon är dessutom den sexigaste roboten i världen.

- **Reseroboten hitchBots farliga äventyr.** Roboten

hitchBot fick ett uppdrag där man skulle ta reda på hur långt den kunde resa med hjälp av människor.

Roboten tog sig genom Tyskland, Nederländerna och Kanada, men fick överraskande nog inget vänligt mottagande i USA, där den slutade sina dagar som robotskrot i en soptunna.

- **Paro muntrar upp äldre och dementa.**
Roboten Paro gör en stor insats för äldre och dementa personer. Paro liknar en säl och fungerar som ett sällskapsdjur genom att uppvisa samma anknytningsmönster till människan som till exempel en hund. Paro passar därför utmärkt som sällskapsdjur för personer som inte klarar av att ansvara för ett levande husdjur.

Roboten passar hos äldre och dementa människor och förhöjde deras livskvalitet.

- **Robotkock lagar gourmetmat i världsklass.** I framtiden behöver du inte gå på restaurang för att få utsökt gourmetmat.

Moley Robotic Kitchens är framtidens häftigaste

köksredskap. En uppsättning avancerade robotarmar som tar över i köket.

Roboten kan programmeras med olika recept och gör arbetet medan du umgås med dina gäster. Roboten kommer att innehålla en databas med olika recept att välja mellan.

Äldreomsorg

Äldreomsorgen i Karlstad har börjat använda en duschrobot för att frigöra personal och spara pengar[58].

Roboten består av sex duschmunstycken framtill, två där bak och ett som är placerat under stjärten. Tvål skjuts ut automatiskt.

Roboten kan hjälpa till med att mata den äldre, hämta tabletter, hämta en kopp kaffe, leta upp glasögonen och plocka upp nycklarna från golvet. Den gör också en patrulleringsrunda med jämna mellanrum och larmar om den boende skulle ligga på golvet eller om något annat avviker från de vanliga rutinerna. Men den ska inte ersätta mänsklig kontakt.

Fler exempel

De nya 3D-skrivarna revolutionerat tillverkningen av hörapparater. Tidigare gjorde man hörapparatssnäckor för hand, via formgjutning. Nu skräddarsyr man med skrivare. Det som händer är att hälften så många anställda kan göra fyra gånger så mycket — med bättre kvalitet. Så produktiviteten höjs signifikant. Men det betyder många gånger just häften så många anställda.

Kirurgiska ingrepp

All kirurgi medför att det finns risk för komplikationer. En kirurg har bara sina egna sinnen att förlita sig på, och gör också felbedömningar.

En kirurgrobot är en komplicerad sak. En kirurg behöver nämligen ta hundratals beslut under ett ingrepp, medan robotar till sin natur är mest lämpade att göra samma sak om och om igen. Forskare tror att kirurgrobotar kommer att användas till relativt enkla saker som att sy ihop snitt. Om en robot gör fel är det då läkaren eller tillverkaren som ska ta ansvar? Fler forskare tror nu istället på en blandning, som att styra en robot med tanken och veta var och hur roboten ska gå fram med skalpellen.

Roboten hjälper dig att somna[59]

Sömnroboten vann första pris i Robotdalens tävling. Robotar kan utföra industrins monotona uppgifter. Eller hjälpa dig att somna.

En sömnhjälpsrobot är skapad av ett holländskt team.

- *Denna robotiserade produkt, som är den första icke-medicinska lösningen för sömnproblem, är i linje med vår satsning på nya tekniska lösningar för vård och omsorg. Den passar väl in i vårt arbete med att utveckla det vi kallar Technology for Independent Life*, säger Peter Stany, ansvarig för innovationsstöd på Robotdalen.

I en redovisning från Robotdalen kan vi hämta några visionära förslag av vad som är tänkbara inom en nära framtid[60].

1. **Hobbit**
   Beskrivs som en social robot som fungerar som stöd, sällskap och kommunikationshjälpmedel med en larmfunktion.
2. **Bestic**
   En robotarm med en sked längst ut som kan manövreras.
3. **Justocat**
   En terapikatt som spinner, andas och jamar.
4. **Giraff**
   Med Giraff kan vårdpersonal eller anhöriga *besöka* ett hem via internet.
5. **Molii**
   Ett klädesplagg med elektroterapi. Används av personer med neurologiska skador och sjukdomar som cerebral pares, förvärvad hjärnskada, ryggmärgsskada och stroke.

6. **Hal**

   Ett yttre skelett som spänns fast utanpå kroppen. Det kan läsa av nervsignaler via huden, även om de är svaga.
7. **Servohandsken**

   Servohandsken är framtagen för personer med nedsatt handfunktion eller för personer med grepp-intensiva yrken.
8. **Zoom Uphill**

   Är en terränggående eldriven fyrhjuling avsedd för människor som har svårt att gå, för att de fortfarande ska kunna ta sig ut i naturen.
9. **Robcab**

   En transportrobot som används i sjukhuslokaler för att avlasta sjukvårdspersonalen.
10. **1080 Quantum**

    En träningsmaskin med variabelt motstånd för individuell och effektiv rehabilitering.

Digitaliseringen ett hot mot vår integritet

Så fort vår information digitaliseras ökar hotet mot vår personliga integritet. Så länge våra datorer inte är en del av ett trådlöst eller kabelburet nätverk öppnar vi inte för risker att våra filer blir tillgängliga för personer med illa sinnade avsikter.

I Trumps USA har man öppnat för att nätanvändares surfhistoria kan säljas till högstbjudande. Vi har fått en ny lagstiftning som gör att internetleverantörer får sälja data om användarnas nätaktiviteter till annonsörer och andra aktörer. Företag som Comcast och AT&T kan sälja information om vilka sajter kunderna surfat på. All trafik som passerar internetleverantörerna blir en handelsvara[61].

De skannar kroppen på alla i tunnelbanan[62]

Los Angeles tunnelbana kommer passagerarna att få sin kropp skannad i jakten på bomber och vapen. Världens tunnelbanor har drabbats av våldsdåd och terrordåd. En person försökte avfyra en rörbomb i december i New York men som attentatet på Drottninggatan i december 2010 misslyckades avfyrningen och det var bara självmordsbombaren själv som skadades vid explosionen.

Kollektivtrafiken i New York, Los Angeles, Washington och New Jersey har testat teknik där kroppen skannas för att upptäcka vapen.

Tunnelbanan i LA blir först i världen med att upprätta ett system som liknar säkerhetsspärrarna på en flygplats. Inom några månader kommer passagerarnas kroppar skannas från topp till tå.

- *Vi letar specifikt efter vapen som har kapacitet att bidra till händelser med ett stort antal döda. Vi letar efter självmordsvästar och automatkarbiner. Det handlar nödvändigtvis inte om mindre vapen som inte har kapacitet att orsaka massdöd,* säger Alex Wiggins, säkerhetschef vid the Los Angeles County Metropolitan Transportation Authority till AP News.

Omkring 150 000 personer dagligen passerar genom *"Thruvision TAC-TS4 portable terahertz millimeter wave passenger screening devices"*. En skanner läser av kroppens naturliga vågor och larmar om de blockeras av exempelvis ett vapen. Säkerhetspersonal kan se ett misstänkt föremål som ett tomrum eller en färgmarkering.

En Thruvision klarar att screena 2 000 personer i timmen utan att trafikstockningar uppstår. Tekniken kan även avslöja farliga föremål som inte innehåller metall, exempelvis sprängämnen.

Skannern kan läsa av kroppen på upp till 7,6 meters avstånd. Thruvision kommer även installera flyttbara enheter på stativ som kan riktas mot intressanta grupperingar.

- *Vi hanterar konstanta hot mot transportsystemen i vårt land. Vårt jobb är att garantera säkerheten i transportsystemen så att en terroristincident inte inträffar under vår översyn,* säger Transportation Security Administration Administrator David Pekoske till AP News.

Ett sms kan klona ditt simkort[63]

Våra mobiltelefoner är de svaga punkterna och våra mobiltelefonen kommer att bli nästa stora arena för skadlig kod. Enligt Rik Ferguson, säkerhetsexpert på Trend Micro, måste vi redan idag tänka på vårt mobila skydd.

Men samtidigt är själva hotbilden bara en del i en riskanalys. Enbart själva existensen av hot ute i verkligheten betyder inte att våra mobiltelefoner är utsatta för stora risker.

Fem branscher på väg att utrotas av teknikutvecklingen

Vi märker av den snabba teknikutvecklingen redan nu. Men jobb och företag är på väg att försvinna och andra kommer. Financial Times har listat fem branscher som kan stå på tur[64]:

1. **Fordonsverkstäder**

   Eldrivna fordon krävs nya verkstäder eftersom en elektrisk motor innehåller endast 18 rörliga delar och elmotorerna behöver i princip ingen service alls.

2. **Bilförsäkringar**

   I en framtid med självkörande bilar väntas färre bilar på vägarna och färre olyckor.

3. **Reservdelar och småkomponenter**

   3D-printing kommer att förändra lagerhållningen av reservdelar och komponenter. Det går snabbare och billigare att tillverka, *printa*, delarna på plats.

4. **Finansrådgivning**
   Höga kostnader och ökad reglering har satt fart på branschen för *robotrådgivare*, så kallad algoritmbaserad placering.
5. **Resebyråer och charter**
   De flesta kunderna är redan vana vid att själva hitta bra priser hos någon av de otaliga resesajterna[65].

Robotar tar över bygget

Ett exempel från byggbranschen, där man kan låta en förarlös grävmaskin gräver ut grunden och därefter kommer en robot och lägger tusen tegelstenar i timmen. Robotar har redan byggt hela hus[66].

Utan att en människa är närvarande så kan ett tak monteras på ett hus, utgrävningen till ett fundament är i full gång på granntomten och i nästa hus sätts gipsplattor upp.

Allt från gjutning av fundament till placering av den sista tegelpannan, utförs av robotar, medan drönare övervakar arbetet.

Robotar kan ta över arbetet från hantverkare av kött och blod och mura ett hus, sätta upp väggar och lägga tak långt efter arbetsdagens slut.

En robot är också på god väg att ta över arkitektens och byggledarens jobb genom att rita hus samt planera och övervaka byggprocessen.

Ingen barnvakt? Köp en robot![67]

Låt en robot passa ungarna? Så är det redan i Kina. Blir ditt barn tryggt med en robot?

Stressade kinesiska föräldrar kan överlämna till robotar att underhålla, undervisa och passa deras barn när de själva inte har till tid. Man kan t.ex. låta roboten anpassar sina "*ansikten*" efter barnens humör, medan andra lär ut matematik och engelska genom att läsa sagor och leka. De flesta följer efter barnen runt hemmet och kan svara på enkla frågor.

Med robotens skärm kan barnen hålla kontakten med mamma och pappa och tack vare robotens kameror kan föräldrarna kontrollera hur barnen har det.

En sjungande roboten kostar runt 2.000 dollar (nästan 18.000 kronor). Storleken är som en sexåring och har en inbyggd pekdator med Android.

Rekryteringsroboten Vera [68]

Ikea är ett av flera företag som sparar mängder med mantimmar åt sina mänskliga rekryterare. Robot Vera hinner nämligen med ända upp till 1 500 intervjuer under en enda arbetsdag.

200 bolag använder redan Robot Vera och mjukvaran som Robot Vera består av gör att den hinner med 50 000 intervjuer på en enda arbetsdag. Robot Vera skickar också skräddarsydda uppföljningsmejl.

Enligt Washington Post är en av de stora fördelarna med Robot Vera att den sparar tid för rekryterare.

Då Robot Vera hittar en person som fortfarande är aktuell så tar det ungefär 8 minuter att genomföra själva intervjun.

En talesperson för IKEA berättar att möbeljätten årligen får in tusentals CV från människor som vill arbeta vid Ikea. Och när det gäller att rekrytera chefer ser man inga som helst möjligheter att Robot Vera tar över sådana uppgifter.

Robotrekrytering är en automatisering av rekryteringsprocessen?[69]

Många delar i rekryteringen är tidskrävande och upprepas och som måste göras. Det är ofta administrativt och rutinmässigt jobb. Tänk att ha en robot som hjälper till med delar av rekryteringsjobbet

Det finns tre anledningarna varför att den som jobbar med rekrytering bör överväga att ta hjälp av ett rekryteringssystem.

1. **Mer tid till det du är bäst på**
   Du lägger förmodligen en hel del tid på att administrera lediga tjänster och annonser, sortera kandidater och återkoppla till alla på rätt sätt och i rimlig tid.

2. **Effektivisera processerna och minimera felen**
   Man kan göra fel. Människor gör misstag. Rekryteringsjobbet kräver dina mänskliga och sociala egenskaper. De kan skötas av maskiner, som inte gör fel, så länge de fungerar som de ska. Du minimera felen i det administrativa och repetitiva jobbet.

3. **Få avlastning när det peakar**
   På de allra flesta arbetsplatser går arbetsbelastningen i vågor. Den här typen av ojämn arbetsbelastning gör det svårt att anställa tillfällig administrativ hjälp. Ofta är det administrationen som blir lidande i ett yrke som bygger mycket på din sociala kompetens.

En robotar kan skruva ihop IKEA-möbler[70]

Det tog 20 minuter för ett AI-system att skruva ihop IKEA-stolen Stefan, enligt Forskning & Framsteg.

Forskare i Singapore har lyckats knäcka nöten genom att få två robotar att samarbeta för att skruva ihop IKEA-stolen Stefan.

Robotarna har utrustats med griparmar med kraftsensorer samtidigt som 3D-kameror fungerar som robotarnas ögon.

Jobbet delas upp i tre steg: lokalisering av delar, planering genom simulering och slutligen montering. Den sistnämnda fasen tog endast 9 av de 20 minuter som hela jobbet tog.

Svåraste var att få robotarna att lyfta den sista stolsidan på plats, utan att slå i övriga delar av stolen.

Robotarna behövde få monteringsanvisningen inmatad av forskarna.

Forskarna hoppas få robotarna att själva förstå uppgiften genom att "*titta*" på anvisningen, ta emot muntliga instruktioner eller rentav hämta inspiration från en redan monterad stol, enligt Forskning & Framsteg.

Förarlösa bilar

- *Fordonsindustrin i Sverige ligger långt fram när det gäller att ta fram teknik till självkörande fordon. Våra möjligheter att fungera som ett värdland för denna försöksverksamhet är goda,* säger Anna Johansson, fd. infrastrukturminister (S).

Man ska testa två olika typer av automatisering:

- Hög automatisering innebär ett körsystem när föraren har kontroll över fordonet efter att föraren har ställt in självkörande läge.
- Full automatisering betyder att körsystemet helt ersätter föraren och tar över alla köruppgifter.

Anna Johansson konstaterar vidare:

- *... att det finns ett moment av tävling där varje fabrikant vill vara först med att testa självkörande bilar i verklig trafikmiljö,* säger hon.

De förarlösa bilarna är utrustade med bland annat kameror och lasersensorer. Det finns olika uppfattningar om deras säkerhet. Forskarna vid KTH:s centrum för trafikforskning tror att förarlösa bilar kommer revolutionera bilägandet.

Den mänskliga faktorn ligger bakom c:a 90 procent av alla olyckor. Teoretiskt ska en förarlös bil inte råka ut så många olyckor eftersom säkerhetssystem har byggts in i automatiseringen.

En annan effekt är att filerna på gator och vägar kan göras smalare och där det idag är två filer kan det kanske bli tre.

Kan behovet av karosseriverkstäder och vagnskadeförsäkringar minska?

Simuleringar som Pierre-Jean Rigole vid KTH:s centrum för trafikforskning har gjort visar att en förarlös bil skulle kunna ersätta 14 vanliga bilar, dvs. de 136 000 bilar som kör runt i Stockholmsområdet varje dag skulle kunna ersättas av 9.700 förarlösa bilar[71]

- *Förarlösa bilar är den smarta bilen, och lika revolutionerade som den smarta telefonen. Den kommer att revolutionera bilägandet, leda till smidare trafik med många färre olyckor och frigöra mycket värdefullt utrymme i städerna som idag ockuperas av parkerade bilar. En flotta med förarlösa elbilar kommer att vara en viktig pusselbit i framtidens hållbara transportsystem,* säger Pierre-Jean Rigole vid KTH:s centrum för trafikforskning i pressmeddelandet.

Snart kan vi få se bilar utan förare köra omkring i Sverige[72]. Man ska kunna bedriva testverksamhet med förarlösa fordon på allmänna vägar, enligt ett nytt lagförslag.

Då tar förarlösa bilar över på våra gator[73]

Genombrottet för självkörande bilar dröjer. Allt fler företag ger sig in i kampen om att bli först och störst. Självkörande fordon kommer att revolutionera våra sätta att förflytta oss.

Vad har vi redan?

- Autopiloten på vissa moderna bilar erbjuder olika grad av grundläggande självkörande.
- Hastighetskontroll
- Automatisk inbromsning

Försenad ankomst

Teslas Elon Musk är optimistisk och är beredd att låta datorn ta över helt i en nära framtid. Han påstod att bolagets bilar redan 2020 ska kunna uppgradera mjukvaran för att bli helt självgående. Men de flesta andra är skeptiska till att det kommer gå så snabbt.

Olika slags aktörer

Aktiva inom området är gamla bilföretag som samarbetar med nya teknikföretag med spetskompetens inom artificiell intelligens.

Kanske kommer vi sluta äga bilar och vi köper en tjänst när vi behöver förflytta oss. Tilläggas bör att självkörande bilar förutsätter elbilar.

Fordon lär sig av trafiken och kan bidra till att förbättra mjukvaran som uppdateras på samtliga modeller av det märket.

Här är utmaningarna för att självkörande bilar ska bli verklighet[74]:

- *Programmen som styr självkörande bilar måste bli bättre på att förstå sin omgivning. Algoritmerna måste tränas upp genom att uppleva fler situationer i trafiken* säger svensken Mikael Thor som är en av de ledande experterna på självkörande teknik.

Det är ytterlighetsfallen som är svåra för självkörande bilar.

- *Det gäller de här händelserna som inträffar väldigt sällan, det vi kallar för "edge cases", exempelvis när en fotboll kommer instudsande över en väg. Sådant som vi människor är bra på att förstå och sätta i ett sammanhang, förstå hur vi ska agera baserat på det,* säger Mikael Thor som är teknisk gruppchef på taxibolagets utvecklingsavdelning i Palo Alto för självkörande teknik.

Kommunikation

Över hälften av jordens befolkning är online

Nästan halva jordens befolkning använder internet. Detta

rapporterar FN-organet Internationella teleunionen (ITU)[75].

Enligt ITU kunde runt 51,2 procent av världens befolkning använda internet vid 2018 slut.

- *Det här symboliserar ett viktigt steg framåt för ett mer inkluderande globalt informationssamhälle,* skriver ITU-chefen Houlin Zhou i ett uttalande samtidigt som han påpekar att många människor fortfarande väntar på att få ta del av fördelarna med den digitala ekonomin.

ITU-chefen vill att den digitala revolutionen inte lämnar någon offline.

I de världens rikaste länder har antalet internetanvändare ökat från 51,3 procent 2005 till 80,9 procent 2018. I utvecklingsländerna har tillväxten varit enormt, 45,3 procent av befolkningen i dessa länder använder nu internet jämfört med för 13 år sedan då endast 2,1 procent var online.

Nästan hela världens befolkning, uppskattningsvis 96 procent, bor inom räckvidd från ett mobilt nätverk och att 90 procent kan koppla upp sig till internet via 3G eller snabbare hastighet.

Drönare

Drönare är en obemannad motorförsedda luftfartyg utan pilot ombord som kan flyga autonomt eller fjärrstyras. Den finns i alla storlekar; från luftfartyg på hundratalet gram till farkoster på tusentals kilo som startar och landas som vanliga flygplan[76].

Regler för drönare inom EU[77]

Registrering av operatörer, utbildning av piloter samt certifiering av drönare är tre av de kommande kraven.

Så får du flyga med din drönare:

- Det behövs inga tillstånd om din drönare väger under 7 kg och du flyger med den inom synhåll.
- För större drönare över 7 kg behöver du ett tillstånd från Transportstyrelsen.
- Drönaren ska vara märkt med ditt namn och telefonnummer.
- Det finns inga krav på en ansvarsförsäkring för drönare som väger under 20 kg, om ditt flygande kan anses vara rekreation. Transportstyrelsen rekommenderar ändå att du tecknar en sådan.
- Du får flyga upp till 120 meter ovanför mark eller vatten, om du flyger i så kallat okontrollerat luftrum.
- Du kan flyga i mörker om drönaren är utrustad

med belysning som tydligt visar position och färdriktning.

- Det ska finnas ett horisontellt säkerhetsavstånd mellan drönaren och människor så att ingen riskerar att komma till skada.
- Enligt Transportstyrelsens regler finns det inget som säger nej till att flyga över någons privata mark, om kraven på säkerhet är uppfyllda.
- I dag anses inte drönarfotografering vara kameraövervakning, om det är en privatperson eller ett företag som flyger.
- Du måste vara minst fem kilometer från närmaste flygplats och dess start- och landningsbana.
- Det är förbjudet att flyga vid Drottningholms slott, där kungen bor.
- Det finns flera områden med restriktioner, där särskilda villkor gäller för att få flyga och du måste ha tillstånd.
- Det är inte tillåtet att flyga med en drönare i närheten av en olycka på ett sådant sätt att en räddningsinsats kan störas.
- Det finns ingen åldersgräns för att få använda en drönare som väger upp till 25 kg, och som flygs inom synhåll.

Bank och betaltjänster

Mobilt BankID och Swish fortsätter att växa. Framför allt

är det bland de äldre som det sker en ökning. Ökningen kan bero på att de som började med internetanvändning under sitt yrkesliv, fortsätter använda digitala tjänster även som pensionärer[78].

Ett kontantlöst samhälle passar inte alla[79]

Sju av tio värmlänningar vill inte ha det kontantlösa samhället. Det är inte problemfritt att ställa om till digitala betaltjänster. Vi behöver ha kontanter i krissituationer och alla ska kunna betala kontant.

Riksbankskommittén har föreslagit en ny lag där sex banker får ansvaret för att bibehålla befintlig infrastruktur för uttag och dagskassehantering.

Bankomat

Bankomater har blivit en självklarhet och finns på fler än 500 orter runt om i Sverige. Möjligtvis kommer utnyttjandet att minska när kortbetalningar blir mer vanliga[80].

Svenskar beräknas e-handla för 300 miljarder[81]

Svenskarna handlar på nätet som aldrig förr. Och handeln växer. Betalbolaget Dibs har beräknat att vi 2019 spendera 310 miljarder kronor på näthandel, en ökning med nästan 16 procent jämfört med 2018.

Bland de branscher som vuxit mest under året finns livsmedelshandeln, möbelhandeln och sporthandeln. ICA lanserade bland annat sitt första renodlade plocklager för e-handelskunder i april 2018. Medan IKEA meddelade i oktober samma år att de haft närmare 100 miljoner besök på den svenska hemsidan[82].

Kina, Brasilien, Indien, USA, Kanada, Tyskland, Storbritannien, Frankrike, Italien, Norge, Sverige, Japan och Australien rapporterar samtliga en kraftig ökning.

I de 13 ovannämnda länderna skickas det sammanlagt 2 760 paket per sekund, och i genomsnitt får varje person 23 paket om året, så det finns all anledning för kartongindustrin att gnugga händerna[83]

Kortbetalning[84]

Det är väldigt vanligt att betala med kort i Sverige och volymerna växer ständigt. Att tänka på:

- Det är inte tillåtet för företag att ta ut en kortavgift när du betalar med kontokort eller kreditkort
- Betala bara med kort på webbplatser som är krypterade. Webbadressen inleds då med *"https"*

Varianter av kort

Kontokorten delas in i debetkort, betalkort och kreditkort. Vilket kort som passar dig bäst beror på vilka krav och förutsättningar du har.

Betala med kort på internet

Du kan ofta betala med kort på webbplatser genom att ange kortnumret direkt på webbplatsen. Men bara om du litar på företaget du handlar av.

Krypterade webbplatser

Webbplatsen ska vara krypterad för att du ska vara säker på att informationen inte kan läsas av någon annan. Du ser att sidan är krypterad genom att webbadressen inleds med *"https"* i stället för *"http"* men även om det finns en bild på ett hänglås i adressfältet.

Kom ihåg:

- Kontrollera ditt kontoutdrag för att se att rätt belopp har dragits efter att du har betalat.
- Lämna aldrig ut ditt kortnummer på en okrypterad sida. Ej heller i ett e-postmeddelande.

Säkrare betalningslösning

Har du ett Mastercard eller Visakort kan du ofta ansluta dig till de kostnadsfria tjänsterna *"Verified by Visa"* eller *"Mastercard Securecode"* via din bank. Det innebär att du har tillgång till en säkrare betalningslösning när du betalar med ditt kort på internet. Detta innebär att dina köp verifieras av en kod. Kontakta din bank för att få mer information.

Swish

7 miljoner svenskar skickar pengar till en vän, köper något i butik eller på nätet genom att swisha.

Anslut ditt mobiltelefonnummer till ditt bankkonto och gör det
möjligt att betala i realtid - var som helst, när som helst. Följ guiden för att se hur allt går till.

- Swish till privatpersoner är samma som mobiltelefonnumret.
- Swish till företag, föreningar m.m. börjar alltid på 123

Mobilt BankID

Med Mobilt BankID kan du göra betalningar och överföringar till befintliga mottagare. Vill du lägga till nya mottagare behöver du, av säkerhetsskäl, *"uppgradera"* ditt mobila BankID genom att aktivera funktionen *"utökad användning"*. Först skaffar du ett kodkort, sedan kan du logga in och aktivera utökad användning för ditt Mobila BankID[85].

E-handel

E-handeln växer snabbt. Antalet paket ökade med 17 procent från 74 miljarder 2017 till 87 miljarder 2018[86]. Om detta fortsätter i samma takt kommer antalet skickade paket att öka till 200 miljarder år 2025, rapporterar Zdnet.

Möjligheter och hot

Svenska företag utsätts för cyberattacker varje dag

Internettrafik hos 14 organisationer, både privata företag samt från offentlig sektor, med i genomsnitt 5 000 anställda analyserades. De var utsatta för *"infektionsförsök* där *skadliga program* hade lyckats *ta sig igenom organisationens yttre försvar och nått till interna datorer"*.

Dataintrång

Det finns idag otroliga mängder data i omlopp hos företag. När någon olovligen fått tillgång till företagsinformation och har full kontroll över den kan det drabba både rykte och plånbok[87].

Ett av de större dataintrången är från 2013, där data från 1 miljard användarkonton stals. Namn, mejladresser, telefonnummer, födelsedagar och lösenord stals. Detta visar att inte ens giganter som Yahoo går säkra.

Enligt en omfattande rapport från Ponemon (sponsrad av IBM), som undersökte 383 företag över hela världen, är den genomsnittliga totala kostnaden för ett dataintrång 4 miljoner dollar och den största kostnaden är i form av förlorade affärer.

Bionik

Bionik[88] kallas biologiska metoder och system som man hittar i naturen som kan användas för utformning av ingenjörvetenskapliga system och modern teknologi.

- Bionisk ryggrad hjälper förlamad att gå igen. Genom att implementera en liten apparatur i hjärnan kommer patienter med förlamning att kunna röra sig igen genom att använda sig av undermedvetna tankar[89].
- Pentagons bioniska arm har ett antal avancerade motorer och har stöd för sex olika valbara grepp. Lederna i armen ska gå att styra med flera olika kontroller, bland annat sensorer som har placerats på användarens fötter, rapporterar Daily Mail[90].
- Kan se igen med bioniska ögon. Tekniken kallas Second sight argus II och innebär att personen utrustats med elektroder i ögonen som är koppade till en kamera i ett par glasögon. Informationen från kameran skickas sedan via elektroderna rakt in i den optiska nerven[91].
- Personer som lider av näthinnesjukdomar kan få en del av synen tillbaka med en ny typ av konstgjord näthinna[92].
- Bättre hörsel med bioniskt öra som en 3D-skrivare

tillverkat genom att sammanföra två väldigt olika typer av material, metall och hydrogel. Hydrogelen blandas med kalvceller och sedan en metallantenn. Detta är ett steg i en riktning mot att enklare kunna tillverka proteser som ser ut som mänskliga organ och som samtidigt kan integrera elektroniska komponenter sömlöst[93].

- Framtiden för människor som har förlorat sina armar, ben eller andra kroppsdelar ser ut att vara tankekontrollerade robotproteser. Det bioniska benet drivs av två motorer. Det reagerar på elektriska impulser från knäsenan, och det enda han behöver göra är att tänka på att gå uppför trapporna för att det mekaniska benet ska sättas i rörelse[94].
- Amputerad kan känna saker med bioniskt finger. Forskare har tagit fram ett slags protesfinger med vilket de som saknar fingrar ska kunna känna saker som texturer på material och liknande[95].

Plånboken som är omöjlig att bli av med!

Tappar du plånboken? Nu kan du koppla din plånbok till mobiltelefonen. "*Ekster*" är en plånbok som ansluts till din mobil via Bluetooth så att det går att hitta den ena med hjälp av den andra[96].

Om telefonen mister kontakten med plånboken får du omedelbart ett meddelande om var och när de senast hade kontakt med varandra och du kan trycka på en knapp på plånboken och få telefonen att avge ljud om det är den som är borta.

Integriteten i ett uppkopplat samhälle[97]

Alla nyfödda får sedan mitten av sjuttiotalet lämna ett blodprov för att livshotande sjukdomar ska kunna diagnostiseras. Proverna sparas för vård, behandling och i forskningssyfte.

Men staten får bara göra en bråkdel av vad storföretag som Facebook och Google får göra med informationen. De sitter på mängder av uppgifter och är företaget som vill tjäna pengar på din integritet.

Idag kan allt från tv-apparater, bilar, tvättmaskiner och till artificiella kroppsdelar som proteser, vara uppkopplade. Det betyder att de också kan bli hackade och styras precis som datorer.

Allting har sitt pris

Digitaliseringen stjäl din koncentration

- *Ju mer vi vet om hjärnan, desto bättre förstår vi hur dåligt det är för prestationen att bli störd,* enligt hjärnforskaren Sissela Nutley. Hon är aktuell med både en bok och en teaterföreställning om vad som sker när hjärnan aldrig får en paus[98].

Hjärnforskarna har funnit följande:

- Den grupp som använt smarta telefoner under tre månader fick ökad social oro och sämre koncentrationsförmåga.
- Vi multitaskar som aldrig förr, kollar mejlen under mötet, skrollar flödet under lunchen, avbryter det vi håller på med så fort telefonen plingar och låter.
- Blotta närvaron av mobiler på ett bord påverkar omedvetet vår kognitiva förmåga på ett negativt sätt, visar forskning.
- En av de funktioner som telefonen förstör som mest är vårt arbetsminne.
- Utmattningsdepressionerna ökat med hundra procent. Forskarna utesluter inte en koppling till att det skedde när de smarta telefonerna gjorde entré.
- Skärmen kommer emellan, tar vår uppmärksamhet och hindrar oss att ge uppmärksamhet till varandra, och det skadar våra relationer.

Så ser hemmet ut i framtiden

Göteborgs-Posten har gjort ett försök att beskriva en framtida bostad. Vad tycker du[99]?

1. **Vardagsrummet på väg ut**

   I vardagsrummet ägnar vi inte längre oss åt TV-tittande. Umgänge och tv-spelande tar större plats. Vardagsrummet står allt oftare tomt. När jag växte upp hade vi ett *"finrum"* där värmen inte alltid var på och vi gick in där vid högtidliga tillfällen. I stället för att automatiskt dyka ner i soffan kommer vi då och då att aktivt välja en film att se tillsammans.

2. **Gamers tar plats**
   Allt fler unga kallar sig gamers, alltså storspelare av dator- och tv-spel. Ändå saknas en naturlig plats för spelande i många hem. Ju mer ljud vi har i samhället, desto större blir vårt behov av tystnad. Speldatorerna har fått en egen plats med två stora skrivbord med sina speldatorerna på,

3. **Köket som sambandscentral**
   Moderna kök har skärmar där man kan läsa middagsrecepten smidigt. Köket är den mest dynamiska platsen i våra hem som fungerar som sambandscentral och emotionellt centra.

4. **Bättre förvaring**
   Många anser att de har för lite förvaringsmöjligheter. Skåp, garderober och lådor räcker helt enkelt inte till. Men bostäderna planeras för att utnyttja ytan så effektivt som möjligt, men varje kvadratmeter ökar hyran.

5. **Källsortering som fungerar**
   I framtiden ska vi källsortera vilket ökar behovet

av smarta sopförvaringsalternativ. Det krävs bättre system för att vi ska ändra våra vanor.

Forskaren varnar: Så spionerar apparna på dig när du sover

När du har lagt ifrån dig mobilen och somnat in men då övervakar och avlyssnar apparna dig i din telefon, visar forskning vid Karlstads universitet[100].

- *Apparna sover aldrig. De vaknar upp och tillskansar sig min privata information, vad jag sparat, var jag har varit och så vidare. Vi vet inte varför, men det är vi intresserade att ta reda på mer om, säger* doktoranden Nurul Momen.

Han har kommit fram till att apparna läser av kontaktlistor, fotografier, sms och platsinformation när vi inte använder telefonen.

Vissa appar utnyttjar också tillgången till mikrofonen.

- *Jag skulle inte ha en smarttelefon, surfplatta eller smart-tv i sovrummet eller i mötesrummet på företaget*, säger Lothar Fritsch, docent i datavetenskap.
- *Om jag hade jobbat för en säkerhetstjänst i en fientlig makt är det ju perfekt att bara uppdatera en app och bruka mikrofonen,* säger Lothar Fritsch.

Snart är mobilen borta – det här kommer istället

I framtiden kan mobiltelefonen och bildskärmar vara ett minne blott. Det nya ska ersätta allt sådant och som inte kräver någon uppkoppling. Det som kommer att ersätta mobilen är *"mixed reality"*. Med dem kan man lägga ett digitalt filter på den verkliga världen. Interagera med digitala världen med tankens kraft[101].

Enligt chefsforskaren på Facebookägda Oculus Research kommer AR-glasögon att vara mainstream redan om fem år.

Glöm mobilen – nu kan du förvandla ditt bord till en pekskärm[102]

Med en liten projektor kan du förvandla golv, bord och väggar till pekskärmar. Framtidstekniken från film- och TV-världen har blivit verklighet.

Det är en liten projektor från Sony, som inte bara projicerar en bild, utan även låter dig styra bilden, precis som på en pekskärm. Den kör Android, som mobilen eller surfplattan, så samma appar som finns där, finns även här.

Genom en kombination av infrarött ljus och en kamera som tar 60 bilder per sekund känner projektorn av var du placerar fingrarna, och den har även stöd för multitouch så att flera personer kan spela mot varandra.

Idag kan allt från tv-apparater, bilar, tvättmaskiner och dörrlås till artificiella kroppsdelar som proteser, vara uppkopplade.

Det betyder att de också kan bli hackade och styras precis som datorer.

Kan en robot ta hand om ditt barn på framtidens förskola?[103]

Vad händer när barnens leksaker får artificiell intelligens och bli smarta nog att bli lekkamrater? Barnens leksaker blir mer avancerade för varje dag. Men hur påverkas leken av att leksakerna kan tänka själva?

Roboten Anki Cozmo har börjat säljas i Sverige. Den fungerar inte bara som leksak, utan simulerar känslor, och blir arg när den förlorar i en lek. Än så länge är det ganska enkla funktioner, men med Cozmo är inte den enda liknande satsningen, och med tiden kommer den här typen av robotar bara att bli mer avancerade.

Det är något som verkligen kommer bli väldigt stort i och med att det blir billigare att tillverka. Att robotleksakerna bli så avancerade att de även tar över inom barnomsorgen är kanske en orimlig tanke.

Om man tittar på hur barnomsorg ser ut i dag, med nedskärningar på många ställen, så skulle det säkert vara jättebra att ha robotar som avlastar. Vuxna kan tappa tålamodet till slut när ett barn vill göra något 30 gånger på rad. Det hörs lite på rösten att vuxna tröttnar, men en robot kommer svara lika glatt ändå.

Här är robotarna som ska ta över vården[104]

- *I Sverige har inte artificiell intelligens använts jättemycket när det gäller vård och omsorg tidigare. Men AI är stort inom bland annat finansbranschen. Vi vill gärna locka nya bolag eller forskare som ser potentialen inom hälsa. Utvecklingen går väldigt fort just nu,* säger Linda Swirtun, ansvarig för utlysningen beslutstöd för hälsa, vård och omsorg med hjälp av artificiell intelligens inom den statliga myndigheten Vinnova.

Vinnova stöder projekt som rör artificiell intelligens och beslutsstöd inom hälsa, vård och omsorg samt i en breddad utlysning som handlar om artificiell intelligens för bättre hälsa.

- *Det finns ingen läkare som hinner läsa igenom all forskning och ta till sig all kunskap som finns. Då kan dagens digitala tekniker vara till stor hjälp vid beslutstöd och exempelvis när diagnoser ska ställas,* säger Linda Swirtun.

Ett projekt handlar om att med hjälp av artificiell intelligens kunna förutspå hur många personer som väntas komma till akuten, för att bedöma hur mycket personal som kan behöva schemaläggas en viss dag.

- *Kanske är det en stor fotbollsmatch, halt ute eller en storhelg? Genom att samla data från många olika datakällor ska man bättre kunna förutse hur och vilka resurser som behövs,* berättar Linda Swirtun.

En AI-baserad digital coach för ett hållbart liv, system med sensorer som ska känna av äldres rörelser i hemmet och artificiell intelligens som ska användas för att ge en säkrare diagnos vid bröstcancerscreeningar.

Det har funnits vårdrobotar i Sverige i flera år

- En som testades på äldreboenden i Västerås.
- Prototyper av robotkatter provades redan för några år sedan i Eskilstuna och skulle sänka stresshormoner hos äldre och göra dem gladare.

Ett föregångsland när det gäller robotar i vården är Japan som har en stor befolkning över 65 år. Här har forskare bland annat tagit fram en uppmärksammad björnrobot som hjälper till med tunga lyft inom äldreomsorgen.

Liknande problem med en åldrande befolkning finns i Sverige.

- *Vi kan omöjligen jobba som vi gör nu inom vård och omsorg och tro att det ska fungera. Personalen och pengarna kommer inte att räckatill,* säger Linda Swirtun.

Ett annat exempel på AI inom vården är IBM Watson, en superdator som blev känd efter att ha klått två Jepardymästare i TV. Datorn kan svara på muntliga frågor och gå igenom stora mängder text och data för att underlätta diagnos och även läsa medicinska bilder.

Men kan det inte vara problematiskt om vårdpersonal förlorar sina jobb på grund av robotar?

Hela digitaliseringen gör ju att arbetsmarknaden förändras, men det kommer ju även nya jobb. Det kan till exempel frigöra tid för exempelvis hemtjänstpersonal som kan ägna mer tid åt att prata med de äldre om robotar utför andra sysslor. När kommer vi att mötas av robotar i vården i en större skala?

Roboten tar hand om våra äldre

I framtiden kanske det är en robot som sköter om oss i äldreomsorgen. På Örebro universitet har försökt skapa bättre interaktion mellan robotar och människor[105]

- *Projektet handlar om att göra robotar kulturellt*

kompetenta för första gången. Att roboten kan anpassa sig till den kulturella profilen hos personen framför dem och också bete sig därefter säger Alessandro Saffiotti, professor i datavetenskap.

Några fördelar

Roboten lär sig förstå kulturskillnader och de får lära sig exempelvis gester, hur vi hälsar och hur långt ifrån vi står när vi pratar med varandra.

Exempel:

- *Att överlämna exempelvis ett visitkort sker ofta med en hand i den västerländska kulturen, men i många asiatiska kulturer är det inte så trevligt att ge över kortet med en hand, du gör det hellre med två händer* säger Saffiotti.
- *Anpassar sig efter individen. Men den kulturella kunskapen som roboten har är generell och för att undvika en stereotyp bild av en viss kultur anpassar sig roboten även efter individen.*
- *När roboten interagerar med en person kommer den anpassa sig efter de preferenser som den individuella personen har,* säger Ali Abdul Khalia, postdoktor i datavetenskap.

Kompletterar äldrevården

På äldreboendena kommer roboten möta människor av

olika kulturer och komplettera sjukvården. Man menar att det inte kommer att ersätta mänsklig vård.

- *En sak de kan göra är att vara där, så att folk känner sig mindre ensamma, mer säkra för att det finns någon som kan hjälpa dem om det behöver det, exempelvis larma vid en olycka,* säger Saffiotti och fortsätter
- *Roboten kan också hjälpa till med att hålla kontakten med släktingar genom att aktivera ett telefonsamtal, de kan påminna dig om att ta din medicin eller påminna dig om viktiga datum, exempelvis födelsedagar.*

Kommunicera med en dator

Kan din hjärna kommunicera med en dator? Med hjälp av hjärnans tankekraft? Grundtekniken finns redan.

En datorn som mäter ljudvågorna i hjärnan finns redan och vi kan kopplar upp hjärnan mot internet[106].

Med tankekraft kan vi styra både ugn, mobil och annat! Du kan sätta på ugnen – allt utan att använda varken händer eller telefon.

Två studenter i Sydafrika har lyckats koppla upp en människohjärna mot internet. Man kan se armrörelser på dataskärmen.

Genom att mäta hjärnvågor med en dator som har internetuppkoppling. Hjärnans aktiviteter registreras och leds vidare till en webbplats som forskare och andra kunnat. Och det är billigt - utrustningen kostade bara ett par tusen kronor.

Några tillämpningar:

- Robotar används redan i fabriker inom bilindustrin. Robotarmar har svetsat och sprutmålat karosserier sedan 1970-talet[107].

- En robot är mycket användbara när det gäller att upprepa samma rörelser dygnet runt med hög precision. De blir inte trötta eller drabbas av skador.

- Robotarna används för att skilja mellan olika verktyg och material på en byggarbetsplats. Självkörande grävmaskin gräver grunden. Föraren har ersatts av datorer och sensorer. Roboten gräver fundamentet med centimeterprecision.

  Sensorerna har blivit alltmer exakta och används exempelvis till tekniken Lidar. Med hjälp av laser bygger roboten upp en detaljerad tredimensionell karta.

Sensorer mäter olika avstånd och former utifrån på vilket sätt och hur snabbt ljuset reflekteras i omgivningarna.

- Robotarna kan ta över byggprocessen ända från utgrävningen av fundamentet.

Enligt byggföretaget Komatsu kan det ta upp till tre dagar för lantmätare att ta fram en höjdkarta över ett 20 000 kvadratmeter stort område. Genom att använda drönare och metoden *"real time kinematic"* (RKT) kan drönare på cirka en halvtimme rita upp en exakt tredimensionell karta över en lika stor yta.

Kanadensiska forskare har utvecklat drönare som kan flyga runt på en byggarbetsplats, ta bilder och analysera dem med hjälp av bildigenkänning. Dessa känner igen olika material och mönster, överblickar hur långt arbetet med exempelvis väggar eller isolering har kommit.

Robotar sorterar blandat avfall[108]

Det visionära avfallshanteringsföretaget Carl F blev först i landet att satsa på tekniken som sorterar blandat avfall.

Robottekniken löser inte alla problem, men den gör det

möjligt att öka materialåtervinningen påtagligt.

Robotsorteringen är ett sätt att effektivisera, förfina och förbättra för sorteringen.

Man bedömer att man ska kunna få ut mellan 10 000 och 12 000 ton extra återvinningsbart material per år ur det avfall som kommer till anläggningen.

Ökar resursåtervinning med robotsortering

Avfallshanteringsföretaget Lundstams Återvinning AB satsar nu på sorteringsrobotar till en av sina anläggningar i norra Sverige.

Den nya sorteringslinjen gör det möjligt för Lundstams att bearbeta avfall mer effektivt och närmare källan. Robotsorteringslinjen var i drift från första halvåret 2019.

Den nya robotsorteringslinjen innebär en automatisering och vidareutveckling av företagets materialbearbetning i Östersund.

Robotsortering av skrot[109]

Skrothanteraren Skrotfrag har installerat en linje för robotsortering.

- *Automation frigör mänskliga resurser och gör det möjligt för dem att utföra nya uppgifter som är mindre tunga och slitsamma. Dessutom innebär automatiseringen att tillgängligheten för hela installationen ökar,* säger Jonas Lindh, vd vid Skrotfrag.

Jätterobotar redo för gruvdrift på djupet[110]

Ett australiskt gruvföretag arbetar på havsbotten och mal sig genom djuphavets berggrund i jakten på guld.

Tre gigantiska gruvfordon ska skickas på jobb 1 600 meter under havsytan.

Den bakomliggande banbrytande tekniken har det australiska företaget Nautilus Minerals utvecklas. Man förbereder sig nu för att påbörja en omfattande gruvdrift i Stilla havet utanför Papua Nya Guinea.

Digitaliseringspolitik[111]

Av regeringen presenterad digitaliseringspolitik framgår att man ska använda och främja de möjligheter som digitaliseringen för med sig för samhället, för individer, näringsliv, civilsamhället och offentlig sektor.

Det handlar om att digitalisera offentlig förvaltning med utgångspunkt i medborgarens behov. Digitaliseringen av offentlig sektor medför att man ska kunna erbjuda enklare, öppnare och effektivare service till alla, oavsett om användaren befinner sig i Sverige eller i utlandet.

Digitaliseringspolitiken vill främja digital infrastruktur som till exempel bredband, digital post, digital identitet och 5G, och att skapa goda förutsättningar för utveckling och användning av ny teknik så som data och artificiell intelligens.

Digitaliseringsstrategin

Strategin anger inriktningen för regeringens digitaliseringspolitik. Visionen är ett hållbart digitaliserat Sverige. Det övergripande målet är att Sverige ska vara bäst i världen på att använda digitaliseringens möjligheter. Digitalt kompetenta och trygga människor har möjlighet att driva innovation där målmedveten ledning och infrastruktur är viktiga förutsättningar.

Fem delmål för ett hållbart digitaliserat Sverige

För att nå det övergripande målet innehåller strategin fem delmål om digital kompetens, digital trygghet, digital innovation, digital ledning och digital infrastruktur. Delmålen förklarar hur digitalisering ska kunna bidra till en positiv samhällsutveckling. På den här sidan presenteras initiativ kopplade till strategin och respektive delmål.

Digitaliseringsstrategins fem delmål

1. **Digital kompetens**
   I Sverige ska alla kunna utveckla och använda sin digitala kompetens.
2. **Digital trygghet**
   I Sverige ska det finnas de bästa förutsättningarna för alla att på ett säkert sätt ta del av, ta ansvar för samt ha tillit till det digitala samhället.
3. **Digital innovation**
   I Sverige ska det finnas de bästa förutsättningarna för att digitalt drivna innovationer ska utvecklas, spridas och användas.
4. **Digital ledning**
   I Sverige ska relevant, målmedveten och rättssäker effektivisering och kvalitetsutveckling ske genom digitalisering.
5. **Digital infrastruktur**
   Hela Sverige bör ha tillgång till infrastruktur som medger snabbt bredband, stabila mobila tjänster och som stödjer digitalisering.

Regeringen har visionen om ett helt uppkopplat Sverige eftersom det ger förutsättningar för att bo och verka i hela landet, driva tillväxt och innovativ produktion. På kort sikt höjs målsättningen till att 95 procent av alla hushåll och företag bör ha tillgång till bredband om minst 100 Mbit/s redan år 2020[112].

Universiteten

Man behöver inte vara så gammal för att minnas att man talade om *att ligga i Lund, eller ligga i Uppsala*. Där fanns så kallade överliggare som *låg* vid universitetet betydligt längre än vad som anses vara normalt.

Trots att arbetslivet vill ha *"nyckelfärdigt"* utbildade studenter som gör nytta från första dagen, så måste vi låta våra ungdomar få en bra akademisk grundutbildning att ha som en grund för resten av yrkeslivet. Sedan kan man bygga på med olika fortbildningar i det livslånga lärandet. Förväntningarna och kraven på morgondagens universitet är höga:

- De ska förmedla och frambringa ny kunskap,
- Vara motorer i en regional och nationell ekonomi,
- Tjäna som kritiska instanser och
- Vara forum för nytänkande.

Framtidens universitet[113]

En digitalisering av universiteten pågår och detta ger annorlunda pedagogik. I stället för att anställa fler lärare anlitas speciella ämnesexperter vilka skapar online-föreläsningar av hög kvalitet. Man kan få en tätare integration med arbetsmarknaden där universitetet ingår partnerskap med stora arbetsgivare.

Under de senaste åren har onlineutbildning fått alltmer

uppmärksamhet[114] och kallas *Massive Open Online Courses (MOOC).* Detta har skapat en debatt i Sverige om hur digitaliseringen påverkar den högre utbildningen. Detta är givetvis ett sätt att sänka kostnaderna för utbildning och öka tillgängligheten av kunskap. I Sverige har ett flertal universitet börjat erbjuda MOOC. Det finns egentligen inga gränser för vilka kunskapskällor, som kan bli tillgängliga för den som söker i hela den internationella akademiska världen.

Digitaliseringen av undervisningen i USA har fått långt mer genomgripande konsekvenser än de som är relaterade till MOOC:s. Resultaten visar att onlineutbildning möjliggör billigare utbildning. Nya aktörer har tagit sig in på marknaden genom att utveckla innovativa affärsmodeller och en annorlunda pedagogik.

I amerikanska universitetssystemet har MOOC lett till en ökad specialisering. Den klassiska modellen med fakultet, ett omfattande campus och andra tillgångar som leder till höga fasta kostnader har minskat i betydelse.

Några erfarenheter

Redan idag har digitaliseringen av den högre utbildningen medfört att nya aktörer kommer in på marknaden och att universitetens kostnadsstruktur, pedagogik och erbjudande gentemot studenterna har börjat förändras.

Digitaliseringen har medfört en tilltagande individualisering av utbildningen, ökat fokus på generiska färdigheter samt tätare samarbeten mellan universiteten och arbetsmarknaden.

När den nya tekniken används ger detta stora möjligheter att förbättra den svenska högre utbildningen, beträffande såväl kostnader som kvalitet och relevans för arbetsmarknaden.

Här är tre exempel på hur mooc:s kan användas[115]:

- **Det omvända klassrummet**
  Mooc-material definierar en kurs som följs av diskussion och problemlösning i klassrummet för att öka inlärningen av materialet.
- **Det avskaffade klassrummet**
  Utbildning och inlärning sker självständigt via nätet. Lärarens uppgift blir att välja bästa mooc och att examinera studenterna.
- **Mooc College**
  Fria högskolor etableras som fullt ut bygger på mooc:s. Examinering sköts av kvalitetssäkrade institut, likt etablerad certifiering av kunskaper i allt från främmande språk till finansanalys.

Pedagogiska modeller skulle i Sverige kunna använda digitala läromedel och sparar därmed föreläsar- och lärartid. Man får dock inte undervärdera studentlivets del i den unga studentens utveckling.

Läraren får en annan roll och blir mer en handledare och kan leda intressanta seminariediskussioner istället för att föreläsa.

Undersökningar visar att 80 % av det som sägs under en föreläsning har glömts bort dagen därpå. Det är egentligen konstigt att föreläsningen som en pedagogisk form fortfarande lever kvar. Vad beror det på? Som lärare kan man återanvända föreläsningar år efter år och sparar därmed förberedelsetid.

Det finns en lite elak definition på en föreläsning:

> *Att överföra lärarens anteckningar till studentens utan att passera någons hjärna.*

Kanske fungerade föreläsningen som pedagogisk form när endast en lite del av en åldersklass ägnade sig åt akademiska studier, men med en breddare rekrytering ökar spannet bland studenternas förmåga att tillgodogöra sig undervisning på detta sätt.

I dag efterfrågas studenter, som efter en kort introduktion kan gå in i en yrkesroll och snabbt *göra nytta*. Man vill ha en "*nyckelfärdig*" student. I dagsläget saknar studenter många av de kompetenser som näringslivet efterfrågar, exempelvis god planeringsförmåga, samarbetsförmåga och praktisk kunskap. Dessa kompetenser kan läras ut genom upplevelsebaserat lärande, casemetodik och seminarier. När studenterna tränat upp sociala och kommunikativa förmågor blir de mer attraktiva hos arbetsgivarna och chansen ökar att de får jobb inom sitt ämnesområde. Det är en av de viktigaste utmaningarna för Sveriges universitet inom de närmaste åren.

En annan utmaning för den högre utbildningen är att erbjuda *passbitar*, som gör att våra invandrare som i många fall har goda akademiska utbildningar, kan slussas in på den svenska arbetsmarknaden

Sociala medier

En viktig del i den digitaliserade världen är Sociala medier.

Antalet användare av sociala medier börjar plana ut. Tillväxttakten för de största sociala nätverken minskar, och färre lägger ut bilder, skriver och delar inlägg på Facebook. Många upplever inte att tiden på sociala nätverk är meningsfull.

Facebook

Facebook är ett socialt medium eller en social nätverkstjänst som grundades i februari 2004. I juni 2017 hade Facebook mer än 2 miljarder månatligt aktiva användare[116].

Andelen av internetanvändarna som använder sociala plattformar 2016-2017

	2016	2017
Facebook	71 %	74 %
Facebook, messenger		62 %
Skype	50 %	55 %
Instagram	44 %	53 %
Snapchat	25 %	33 %
Linkedin	28 %	30 %
Whatsapp		29 %
Twitter	18 %	25 %
Pinterest		17 %
Reddit	8 %	11 %

Facebook Messenger

Facebook Messenger är en chatt-app och -program som tillhandahåller text- och talkommunikation[117].

Skype

Skype är en telekommunikationsapplikation som är specialiserad på att tillhandahålla videochatt och röstsamtal mellan datorer, surfplattor, mobila enheter, Xbox One-konsolen och smartwatches via Internet. Över 300 miljoner uppskattades vara aktiva varje månad i augusti 2015[118].

Instagram

Instagram är en amerikansk social och nätverkstjänst för foto- och videodelning som ägs av Facebook. Appen tillåter användare att ladda upp foton och videoklipp och var efter Facebook den sociala plattform 60 procent av alla internetanvändare i Sverige nyttjade[119].

Snapchat

Snapchat är en fotodelningsprogram för smartphones, lanserad 2011. Användare kan ta bilder eller spela in videoklipp och sedan lägga på filter, stickers, text eller rita på dem[120].

Linkedin

LinkedIn är till för den som vill ta kontroll över sin karriär, hitta en kollega eller skolkamrat, hitta nytt jobb, hitta en kurs eller utbildning. LinkedIn är världens största professionella nätverk med fler än 645 miljoner användare i över 200 länder och territorier.

WhatsApp

WhatsApp Messenger är en proprietär, plattformsoberoende mobilapplikation för smarta mobiltelefoner. Utöver grundläggande meddelandefunktioner kan Whatsapp Messengeranvändare skicka varandra bilder, video- och ljudmeddelanden[121].

Twitter

Twitter är en social nätverkstjänst och mikroblogg där man skriver meddelanden, så kallade tweetar. Meddelanden som ej får överstiga 280 tecken. Dessa tweetar visas öppet på användarens profilsida. Användare kan prenumerera på andra användares meddelandeflöde, vilket kallas *"att följa"*, en prenumerant kallas *"följare"*[122]

Pinterest

Sajten Pinterest är en guldgruva för alla som söker inspiration – eller för den som vill dela med sig. Den fungerar som en digital anslagstavla och är ett snabbt växande socialt nätverk[123].

Reddit

Reddit är en social nyhetssida på Internet. Användare kan förutom att läsa innehållet också posta egna länkar till innehåll på nätet eller posta "*self*"-poster som innehåller användarskapad text[124].

Till sist

Vi kan inte hejda utvecklingen, men vi hoppas att människan inte ska tappas bort. Vi kan frigöra mycket tid från vissa arbetsuppgifter, och det är förhoppningen att denna tid kan ägnas olika människovårdande uppgifter. Det behövs många händer inom vården och äldreomsorgen och den mänskliga kontakten, omvården och värmen kan ingen robot ersätta.

Lästips

Digitalisering och automatisering

1. Ansiktsigenkänning ska lyfta flygplats[125]
2. Alla ska få plats i det digitala samhället[126]
3. Att saker kopplar upp sig mot internet ska vara naturligt[127]
4. Framtidens tunnelbana underlättar pendlarlivet[128]
5. Här är staden med flest uppkopplade prylar i hem[129]
6. Svensk lås-startup vill få dig att slänga dina passerkort[130]
7. Samsung beviljas nytt patent: Lösenord via handflatan[131]
8. Mikro/makro-objektiv gör din mobil till ett mikroskop[132]
9. Handeln blickar mot supersnabba leveranser[133]
10. Så blir ditt framtida hem[134]
11. Chip i handen ersätter passerkort på jobbet[135]
12. Smart säkerhet nyckeln till det smarta hemmet[136]
13. Hittad! Ansiktsigenkänning upptäcker saknade barn och fångar brottslingar[137]
14. Snart kan du styra allt med tankens kraft[138]

15. Studenter kopplar upp sina hjärnor mot internet[139]
16. Bredband från lampans sken[140]
17. Så digitaliserar du – på rätt sätt[141]
18. Forskaren varnar: Så spionerar apparna på dig när du sover[142]
19. Glöm mobilen – nu kan du förvandla ditt bord till en pekskärm[143]
20. Hittad! Ansiktsigenkänning upptäcker saknade barn och fångar brottslingar[144]
21. Mikro/makro-objektiv gör din mobil till ett mikroskop[145]
22. Röststyrning öppnar nya vägar för hackare[146]
23. Röststyrd shopping ökar: "Enkelt för spontanköp"[147]
24. Framtidens stora it-hot är snart här[148]
25. Anställda får chip under huden[149]
26. Chip i handen kan ersätta vanliga SJ-biljetter[150]
27. Digitala lås – låser upp med Bluetooth i mobilen[151]
28. Svenska ungdomars attityd till implantat av mikrochip i kroppen[152]
29. Han gör att lamporna hör dina steg[153]
30. Var femte student har utsatts för hatbrott visar färsk forskning[154]

Robotar

1. Så ska datorn lära sig att hitta terrorister[155].

2. Nu kommer robotar att gå och se ut som människor[156].
3. Robotar kan förbättra våra liv.
4. Robotar och 3d-skrivare bygger huset – på 24 timmar.
5. Roboten överklagar dina p-böter – helt gratis.
6. Nu är robotarna bättre än kirurgerna.
7. USA storsatsar på självlärande soldatrobotar.
8. Så många svenskar tycker att chefen kan ersättas av en robot.
9. Här är dina nya robotvänner.

Länkar

---

[1] https://digitaliseringsradet.se/sveriges-digitalisering/

[2] Internetstiftelsen, svenskarna och internet 2019

[3] http://sverige2025.boverket.se/en-digitaliserad-varld.html

[4] Internetstiftelsen, svenskarna och internet 2019

[5] Internetstiftelsen, svenskarna och internet 2019

[6] http://www.svd.se/inte-langre-fraga-om-robotarna-tar-over--utan-nar

[7] Internetstiftelsen, svenskarna och internet 2019

[8] http://www.svd.se/inte-langre-fraga-om-robotarna-tar-over--utan-nar

[9] http://dator8.info/1/2014/07/vad-Ur-skillnaden-mellan-analog-och-digital-data-.html

[10] Internetstiftelsen, svenskarna och internet 2019

[11] http://www.falkopingstidning.se/article/chip-kommer-att-ersatta-nyckel/

[12] https://spåramobiltelefon.se/spara-mobilen-med-gps-mobiltelefonsparning-via-gps/

[13] https://www.svt.se/nyheter/lokalt/blekinge/satte-chip-under-huden-sa-gick-det-sedan

[14] https://www.stockholmdirekt.se/nyheter/sj-borjar-med-chip-under-huden-sl-vill-ta-efter/repqer!R4N@ISJ-SyQn5j0Y206CyxA/

[15] https://www.hd.se/native/helsingborgs-stad/2018-10-01/framtidens-passerkort-ar-ett-mikrochip-i-handen

[16] https://www.itsäkerhet.com/biometri/

[17] http://www.msn.com/sv-se/nyheter/inrikes/varning-s%c3%a5-mycket-kan-din-mobil-avsl%c3%b6ja-om-dig-%e2%80%93-%c3%a4ven-fast-den-%c3%a4r-l%c3%a5st/ar-AAnDTD8?li=BBqxCu3&ocid=UE07DHP

[18] http://www.dn.se/sthlm/chip-min-nyckel-till-staden/

[19] https://polisen.se/Start-Lattlast/Pass-och-nationellt-id-kort/Fingeravtryck-till-pass/

[20] http://www.sydsvenskan.se/2009-05-20/fingeravtryck-i-passet

[21] https://illvet.se/manniskan/kroppen/ar-alla-fingeravtryck-olika

[22] https://www.msn.com/sv-se/nyheter/inrikes/ansiktsigenk%c3%a4nning-missar-transpersoner/ar-AAJC7Td?ocid=crosssv

[23] https://illvet.se/teknik/hittad-ansiktsigenkanning-upptacker-saknade-barn-och-fangar-brottslingar

[24] https://www.nyteknik.se/digitalisering/nu-racker-ansiktet-for-att-fa-resa-i-kinesisk-tunnelbana-6972338?source=carma&utm_custom[cm]=302896222,33270&=

[25] https://www.nyteknik.se/digitalisering/ansiktsigenkanning-ska-lyfta-flygplats-6862591

[26] https://fof.se/tidning/2017/8/artikel/sa-ska-datorn-lara-sig-att-hitta-terrorister

[27] https://illvet.se/teknik/hittad-ansiktsigenkanning-upptacker-saknade-barn-och-fangar-brottslingar

[28] https://www.nyteknik.se/digitalisering/roststyrning-oppnar-nya-vagar-for-hackare-6870205

[29] https://feber.se/samhalle/kina-borjar-identifiera-manniskor-baserat-pa-hur-de-gar/389514/

[30] https://sv.wikipedia.org/wiki/DNA

[31] https://sverigesradio.se/sida/artikel.aspx?artikel=6544519

[32] https://sv.wikipedia.org/wiki/L%C3%B6senord

[33] https://www.msb.se/sv/Forebyggande/Krisberedskap/Samverkansomraden/Ekonomisk-sakerhet-SOES/Artiklar-fran-SOES/Cyberattacker-mot-finansiell-infrastruktur-okar/

[34] http://www.foretagsuniversitetet.se/Bloggar/Saekerhet/Svenska-foeretag-utsaetts-foer-cyberattacker-varje-dag

[35] https://fof.se/tidning/2017/8/artikel/sa-ska-datorn-lara-sig-att-hitta-terrorister

[36] https://www.aftonbladet.se/minekonomi/a/3nGk9/bedragare-kapar-allt-fler-identiteter

[37] https://techworld.idg.se/2.2524/1.701495/tio-sorters-hackare

[38] https://www.nyteknik.se/digitalisering/hackar-sig-in-i-din-lasta-dator-pa-tretton-sekunder-6782977

[39] https://www.nyteknik.se/innovation/barbar-hjarnmatare-laser-av-dina-tankar-kan-styra-din-tv-6979432

[40] https://www.nyteknik.se/innovation/robotdrakt-later-forlamad-ga-igen-kontrollerar-via-hjarnsignaler-6973775

[41] https://www.forskning.se/2019/03/12/skanna-kroppen-for-battre-passform-av-plaggen/#

[42] https://www.nyteknik.se/story/sa-anvander-kina-ny-teknik-for-total-social-kontroll-6971873

[43] https://www.nyteknik.se/kronikor/kina-ar-pa-vag-mot-det-perfekta-overvakningssamhallet-6891158

[44] https://www.nyteknik.se/popularteknik/rysk-ansiktsigenkanning-leder-till-fler-gripanden-6874542

[45] https://www.msn.com/sv-se/nyheter/teknik-prylar/ansiktsigenk%c3%a4nning-testas-p%c3%a5-flygplats/ar-BBXhtKJ

[46] https://www.itsäkerhet.com/datasakerhet/

[47] https://www.nyteknik.se/sakerhet/storsatsning-pa-kameraovervakning-i-goteborg-6948248

[48] https://www.nyteknik.se/samhalle/friare-kameraovervakning-ger-upphov-till-manga-fragor-6925007

[49] https://www.nyteknik.se/digitalisering/fler-far-sina-identiteter-kapade-med-mer-avancerade-metoder-6892645

[50] http://www.etc.se/ekonomi/robotarna-tar-over

[51] http://kampanj.nyheter365.se/handla-smart/2016/12/23/5-anledningar-att-handla-mat-pa-natet/

[52] https://mail.google.com/mail/u/0/?hl=sv#inbox/15a413930d0f1f1a

[53] http://www.gp.se/nyheter/debatt/vad-g%C3%B6r-vi-n%C3%A4r-robotarna-tar-%C3%B6ver-v%C3%A5ra-jobb-1.3533540

[54] https://illvet.se/teknik/konstgjord-intelligens/nu-kommer-robotar-att-ga-och-se-ut-som-mannisk

[55] https://www.nyteknik.se/popularteknik/trott-pa-att-putsa-fonster-har-ar-roboten-som-gor-jobbet-at-dig-6881288

[56] https://www.hagfors.se/arkiv/nyheter/2020-01-22-robot-ska-undervisa-i-hagfors.html

[57] https://illvet.se/teknik/robotar/har-ar-dina-nya-robotvanner

[58] https://sverigesradio.se/sida/artikel.aspx?programid=83&artikel=6865752

[59] http://www.nyteknik.se/automation/vinnande-roboten-hjalper-dig-att-somna-6823545?source=carma&utm_custom[cm]=302896222,31788&utm_campaign=mail4

[60] http://www.dn.se/ekonomi/robotarna-tar-plats-i-varden/

[61] https://www.epages.dk/svenskadagbladet/48988/article/556627/26/1/render/?token=2406cac816910117543d77941bb991fa

[62] https://www.nyteknik.se/sakerhet/de-skannar-kroppen-pa-alla-i-tunnelbanan-6926505

[63] https://www.svd.se/ett-sms-kan-klona-ditt-simkort/om/naringsliv

[64] https://www.svd.se/fem-branscher-som-kan-utrotas-av-tekniken

[65] https://www.svd.se/fem-branscher-som-kan-utrotas-av-tekniken

[66] https://illvet.se/teknik/robotar-tar-ovar-bygget

[67] https://pctidningen.se/it-och-samhalle/ny-teknik/ingen-barnvakt-kop-en-robot

[68] https://www.va.se/nyheter/2018/04/26/Mot-ikeas-nya-rekryteringsrobot-som-klarar-1-500-kandidater-pa-en-dag/

[69] https://blog.reachmee.com/robotrekrytering-eller-helt-enkelt-automatisering-av-rekryteringsprocessen

[70] https://www.va.se/nyheter/2018/04/20/de-har-robotarna-skruvar-ihop-ikea-stolen-stefan-pa-20-minuter--och-tystar-ai-skeptiker/

[71] http://www.nyteknik.se/fordon/kth-en-forarlos-bil-ersatter-14-personbilar-6394898

[72] http://www.msn.com/sv-se/ekonomi/nyheter/förarlösa-bilar-snart-i-trafiken/ar-BBrbjbR

[73] https://www.svt.se/nyheter/da-tar-forarlosa-bilar-over-pa-vara-gator

[74] https://www.svt.se/nyheter/inrikes/har-ar-utmaningarna-for-att-sjalvkorande-bilar-ska-bli-verklighet

[75] https://www.nyteknik.se/digitalisering/over-halften-av-jordens-befolkning-ar-online-6941924
[76] https://sv.wikipedia.org/wiki/Dr%C3%B6nare_(luftfartyg)
[77] https://www.kamerabild.se/fotoskolor/fotografering/safar-du-flyga-med-din-dronare
[78] Internetstiftelsen, svenskarna och internet 2019
[79] https://www.vf.se/2019/08/08/ett-kontantlost-samhalle-passar-inte-alla/
[80] https://bankomat.se/
[81] https://www.sydsvenskan.se/2019-09-13/svenskar-beraknas-e-handla-for-300-miljarder
[82] https://www.svenskhandel.se/nyhetscenter/nyheter/2019/den-svenska-e-handeln-fortsatter-att-vaxa/
[83] https://computersweden.idg.se/2.2683/1.725102/e-handel-vaxer
[84] https://www.hallakonsument.se/pengar-och-ekonomi/bank-kort-och-betalningar/olika-betalsatt/kortbetalning/
[85] https://www.swedbank.se/privat/digitala-tjanster/mobilt-bankid.html
[86] https://computersweden.idg.se/2.2683/1.725102/e-handel-vaxer
[87] http://www.idenet.com/se/blogg/345-dataintrang
[88] https://sv.wikipedia.org/wiki/Bionik
[89] https://stegforhalsa.se/bionisk-ryggrad-hjalper-forlamad-att-ga-igen/

[90] http://www.nyteknik.se/teknikrevyn/har-ar-pentagons-bioniska-arm-6814900

[91] http://www.aftonbladet.se/nyheter/article20364234.ab

[92] http://www.nyteknik.se/industri/bionisk-nathinna-ska-hjalpa-blinda-att-se-6404804#conversion-1453683420

[93] http://m3.idg.se/2.1022/1.505924/battre-horsel-med-bioniskt-ora

[94] http://m3.idg.se/2.1022/1.475303/man-med-bioniskt-ben-gar-103-vaningar

[95] http://feber.se/vetenskap/art/345232/amputerad_kan_knna_saker_med_b/?rss=true

[96] http://illvet.se/teknologi/prylar/planbok-med-ny-larm-knapp-ar-omojlig-att-kasta-bort?SNSubscribed=true&utm_campaign=20170508&utm_content=2&utm_medium=email&utm_source=ILL&email=38fcc83c78ef8bad2a1c876f76f9f2e4b6dace55

[97] http://www.tidningeninnovation.se/2017/03/trendspaning-hur-ser-integriteten-ut-i-ett-uppkopplat-samhalle/

[98] https://www.nyteknik.se/digitalisering/hjarnforskare-digitaliseringen-stjal-din-koncentration-6952554?source=carma&utm_custom[cm]=302896222, 33270&=u

[99] https://www.gp.se/livsstil/bostad/s%C3%A5-ser-hemmet-ut-i-framtiden-1.4111687

[100] https://www.metro.se/artikel/forskaren-varnar-så-spionerar-apparna-på-dig-när-du-sover

[101] https://www.expressen.se/leva-och-bo/snart-ar-mobilen-bortadet- har-kommer-i-stallet/

[102]https://www.metro.se/artikel/xperia-touch-f%C3%B6rvandlarditt-bord-till-peksk%C3%A4rm

[103] https://www.metro.se/artikel/kan-en-robot-ta-hand-om-dittbarn- p%C3%A5-framtidens-f%C3%B6rskola

[104] https://www.metro.se/artikel/h%C3%A4r-%C3%A4r-robotarnasom- ska-ta-%C3%B6ver-v%C3%A5rden

[105] https://www.svt.se/nyheter/lokalt/orebro/pa-orebro-universitetfinns- robotar-med-kulturell-intelligens

[106] https://www.expressen.se/leva-och-bo/snart-kan-du-styra-ugnen-och-telefonen-med-tanken/

[107] https://illvet.se/teknik/dronare/dronare-drar-ut-i-krig

[108] https://www.recyclingnet.se/article/view/556699/robotar_sorterar_blandat_avfall?rel=related

[109] https://www.recyclingnet.se/article/view/651605/robotsortering_av_skrot?rel=related

[110] https://illvet.se/teknik/robotar/jatterobotar-redo-for-gruvdrift-pa-djupet

[111] https://www.regeringen.se/regeringens-politik/digitaliseringspolitik/

[112] https://www.regeringen.se/informations-material/2016/12/sverige-helt-uppkopplat-2025---en-bredbandsstrategi/

[113] http://www.goodlearning.se/framtidens-digitala-universitetet/

[114] http://ratio.se/app/uploads/2015/02/mer-an-bara-moocs-—hur-onlineutbildning-paverkar-den-amerikanska-universitetssektorn.pdf

[115] https://www.svd.se/universiteten-som-forsvann

[116] https://sv.wikipedia.org/wiki/Facebook
[117] https://sv.wikipedia.org/wiki/Facebook_Messenger
[118] https://en.wikipedia.org/wiki/Skype
[119] https://en.wikipedia.org/wiki/Instagram
[120] https://sv.wikipedia.org/wiki/Snapchat
[121] https://sv.wikipedia.org/wiki/Whatsapp
[122] https://sv.wikipedia.org/wiki/Twitter
[123] https://www.resume.se/kommunikation/media/pinterest-ska-sprida-sverige-modellen/
[124] https://sv.wikipedia.org/wiki/Reddit
[125] https://www.nyteknik.se/digitalisering/ansiktsigenkanning-ska-lyfta-flygplats-6862591
[126] https://www.nyteknik.se/opinion/alla-ska-fa-plats-i-det-digitala-samhallet-6888320
[127] https://www.nyteknik.se/digitalisering/startup-gor-smarta-hem-enkla-att-saker-kopplar-upp-sig-ska-vara-naturligt-6898032
[128] https://illvet.se/transport/framtidens-tunnelbana-underlattar-pendlarlivet
[129] https://www.nyteknik.se/digitalisering/har-ar-staden-med-flest-uppkopplade-prylar-i-hem-6888972
[130] https://www.nyteknik.se/digitalisering/svensk-las-startup-vill-fa-dig-att-slanga-dina-passerkort-6888975
[131] https://www.nyteknik.se/popularteknik/samsung-beviljas-nytt-patent-losenord-via-handflatan-6886995
[132] https://illvet.se/teknik/prylar/testlab-mikro-makro-objektiv-gor-din-mobil-till-ett-mikroskop

[133] https://www.svd.se/handeln-blickar-mot-super-snabba-leveranser

[134] https://m3.idg.se/2.1022/1.682381/framtidens-smarta-hem/sida/3/viktigt-att-halla-koll-pa-standarder

[135] https://www.hd.se/2017-07-26/chip-i-handen-ersat-ter-passerkort-pa-jobbet

[136] https://www.affarsvarlden.se/sponsrad/smart-saker-het-nyckeln-till-det-smarta-hemmet-6882294

[137] https://illvet.se/teknik/hittad-ansiktsigenkanning-upptacker-saknade-barn-och-fangar-brottslingar

[138] https://pcforalla.idg.se/2.1054/1.113664/sa-styr-du-datorn--med-tankekraft

[139] https://illvet.se/manniskan/hjarnan/studenter-kopp-lar-upp-sina-hjarnor-mot-internet

[140] https://fof.se/tidning/2017/6/artikel/bredband-fran-lampans-sken

[141] https://digitaliseringen.se/sa-digitaliserar-du-pa-ratt-satt/

[142] http://www.pressen.se/8061180.html

[143] https://www.nyteknik.se/digitalisering/tangentbor-det-projiceras-pa-bordet-6393374

[144] https://illvet.se/teknik/hittad-ansiktsigenkanning-upptacker-saknade-barn-och-fangar-brottslingar

[145] https://illvet.se/teknik/prylar/testlab-mikro-makro-objektiv-gor-din-mobil-till-ett-mikroskop

[146] https://www.nyteknik.se/digitalisering/roststyrning-oppnar-nya-vagar-for-hackare-6870205

[147] https://www.nyteknik.se/digitalisering/roststyrd-shopping-okar-enkelt-for-spontankop-6866986

[148] https://www.nyteknik.se/popularteknik/framtidens-stora-it-hot-ar-snart-har-6867130

[149] https://arbetet.se/2017/07/26/anstallda-far-chip-under-huden/

[150] https://www.expressen.se/dinapengar/tech/chip-i-handen-ersatter-vanliga-biljetter-hos-sj/

[151] https://www.safeteam.se/vi-erbjuder/passersystem/digitala-las/

[152] http://www.diva-portal.org/smash/get/diva2:1286867/FULLTEXT01.pdf

[153] https://www.nyteknik.se/energi/han-gor-att-lamporna-hor-dina-steg-6421243

[154] https://sverigesradio.se/sida/artikel.aspx?programid=83&artikel=6972567

[155] https://fof.se/tidning/2017/8/artikel/sa-ska-datorn-lara-sig-att-hitta-terrorister

[156] https://illvet.se/teknik/konstgjord-intelligens/nu-kommer-robotar-att-ga-och-se-ut-som-manniskor

FSC
www.fsc.org
MIX
Papper från ansvarsfulla källor
Paper from responsible sources
FSC® C105338